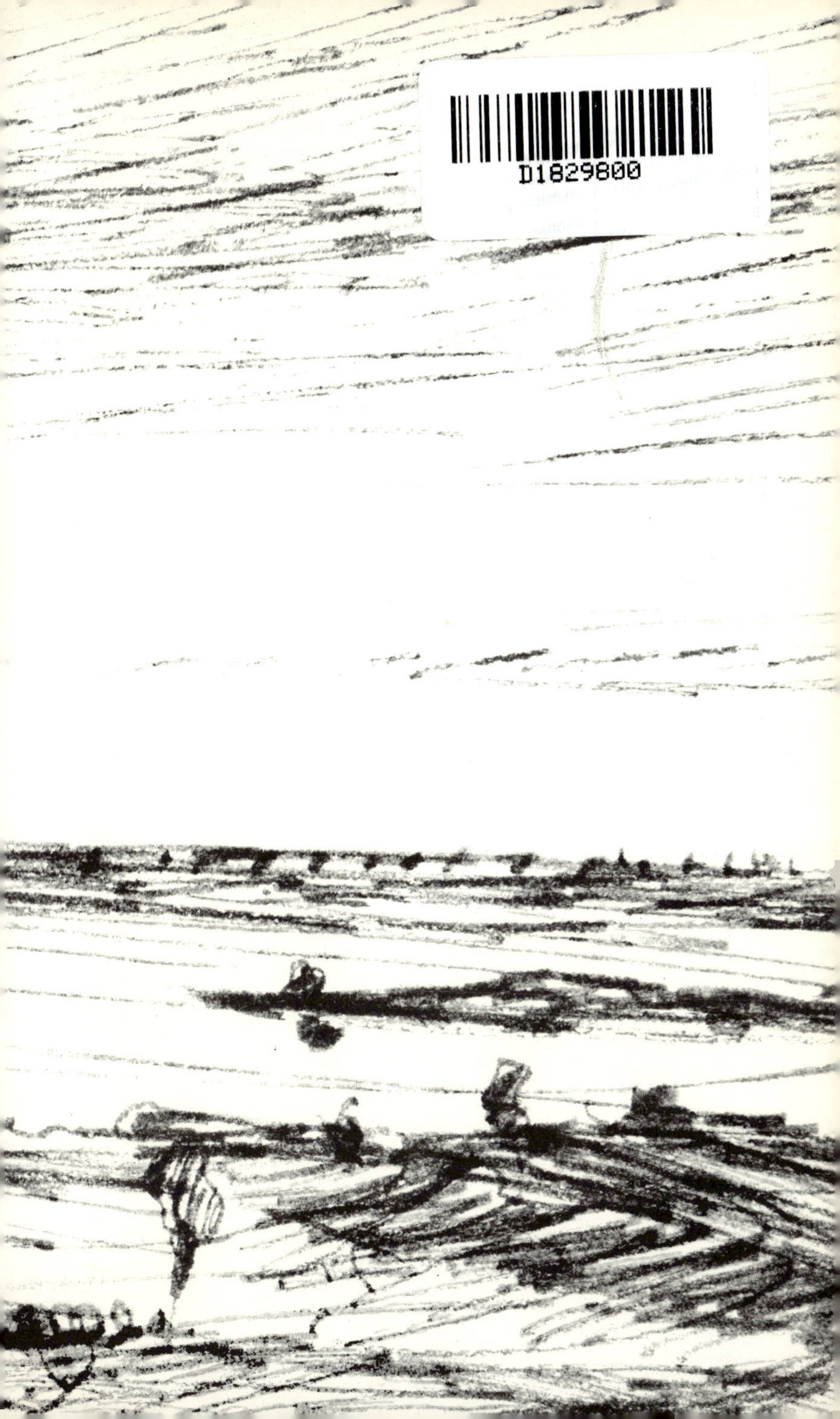

Carl Hinrichs
Ut mien'n Malerleben

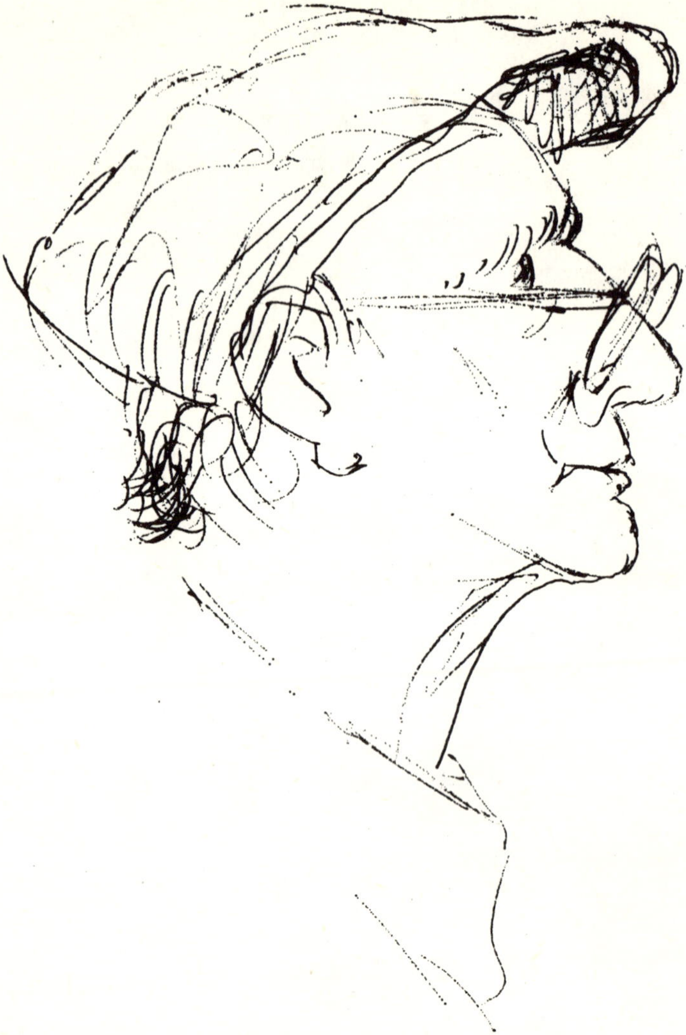

Carl Hinrichs

Ut minen Malerleben

Upschreeben von Jürgen Borchert

Hinstorff Verlag Rostock

Illustrationen auf dem Schutzumschlag,
Vorsatz und Frontispiz von Carl Hinrichs.

ISBN 3-356-00030-6

3. Auflage 1990. Lizenz-Nr. 391/240/51/90
Printed in the German Democratic Republic
Schutzumschlag- und Einbandgestaltung: Heinz Holzgräbe
Gesamtherstellung: BS Rudi Arndt, Berlin 7620
Bestell-Nr. 522 788 2

00789

Dat ierst Johrteihnt

Geburn bün ick in Nürnberg. Dat hürt sick nu snacksch an. Dor vertellt 'n ollen meckelborgschen Billermaler ut sien 'n Leben, un de ierste Satz heit: Geburn bün ick in Nürnberg.

Nich, datt ick wat gegen Nürnberg seggen will. Dat is 'ne schöne Stadt, dor hebben se den Päperkauken erfunnen und ook de Taschenklocken, dor hett Dürer lewt un Hans Sachs. Un ick bün dor geburn. Öwer 'n Mecklenborger bün ick doch. Mien Urgrotvadder stammte ut Grabow, un mien Grotvadder, de wier »Hoboist« bie de Dragoners in Lurwigslust, »Militärmusiker« heit dat hüt, un mien Vadder wier Retuscheur un Musiker in Schwerin. Hei spälte up ein Instrument, wat dat Mul vull witte un swatte Tähnen harr. Üm de Johrhunnertwenn' güng mien Vadder up Wannerschaft. Hei wull doch giern noch wat anners kennenliern as dat olle leiwe Mecklenborg. Hei harr ja ook Talent för allerhand Klapperkram, wier 'n unternehmungslustigen Minschen un höll ümmer up sien Utseihn. Un he wir ook 'n hübschen Kierl! Wat süll he in de muffige Residenz Schwerin sitten blieben, wo blot de wat tellte, de wat up de Bank to liggen harr odder von »huliger Geburt« wier. Na, he treckte nu los. Un so käm he ook eins goden Dags nah Basel hen. He keek sick in de Stadt üm, un twors gründlich, un dorbie fünn' he miene Mudder. Se wier de Dochder von een' hessischen Stukkateur, so 'ne dütsch-französ'sche Schönheit mit swatte Hoorn un swatte Oogen un deinte as Servierdochder in ein'n Gasthoff. Se keek em eenmol an, un he wier wech. Öwer he müßt ja woll ook bäten Indruck up ehr makt hebben mit sienen Kaiser-Wilhelm-

Bort, Marke »Es ist erreicht!«, siene slanke Figur un siene musikalischen Talente. Kort un god – he nähm se mit.

Ick weet nich, ob Vadders mit siene junge Fru nu glieck nah Mecklenborg trüch wullt harr, kann ja ook sien, datt ehr dat Reis'geld utgahn wier. He nähm in Nürnberg Arbeit un Wahnung, un dor käm ick denn ook an un makte miene Öllern to 'ne komplett' Familie. Dat wir jüst an'n 26. November 1903. Babenan in Berlin harr de Kaiser Willem dat Seggen, un in de ganzen dütschen Länner säten ook öwerall noch de Fürstlichkeiten up ehre Schlösser. In Bayern wier dat de Prinzregent Luitpold, in Mecklenborg de Grotherzog Friedrich Franz de Veerte, un so harrn se öwerall Herzogs un Grafen und Königs un so wat. Un von pullitische Bewegung wier ook nich veel to spüren; ick glöw nich, datt mien Vadder odder miene Mudder sick dunntomalen veel üm Pulletik kümmert hemm'n. Dat Volk wier so in'n Glooben an Kaiser un Reich uptrocken, un den letzten Krieg – de läg ja ook al öwer dörtig Johrn trüch –, den harrn se al vergäten, un de nächst', de wier noch nich in Sicht.

So 'ne Tiet wier dat, as mien Vadder un miene Mudder twei Johr nah miene Geburt de Kuffers packten un nah Schwerin tröcken. Mudder hett mi ümmer vertellt, datt ick in den Toch so'n Krach makt un so luthals bölkt und krakeelt harr, datt de Lok'motiv gor nich miehr to hürn wäst wier. De ärgerliche Eigenschaft, dat Mul nich to hollen, wenn ick dat süll, de heww ick ja hüt noch un de hett mi in mienen Leben mennigmal Ärger inbröcht.

Wi wahnten up den Hinnenhoff, hochdütsch »Hinterhof«. Dat wier 'ne Strat an den Stadtrand, bie den Schweriner See; hüt heet de Strat »Bornhövedstraße«. Bornhöved sall in'n Middelöller in Schwerin 'n Burmeester wäst sin. Ick glöw öwer, meent is de Slacht von Bornhöved, 1227. Is ja ook egal: as wi dor wahnten, hett dat Hinnenhoff heeten.

An dat een Enn' von de Strat wier dat Armenhus, un an de anner Siet wier 'n niedrigen Katen mit veer Dören, de nömte sick »De lange Jammer«. Dor wahnte de Wadervogt in un ook 'n poor Arbeitslüd. Dat Hus wier man öllersswack un keen

Smuck för de Stadt. Öwer dat süll dat ja ook nich sien. »De lange Jammer« stünn dicht bie den groten See. Achtern lägen ümmer poor Teerkahns an dat Äuwer odder up den Sand, dormit führten de Lüd ut dat Hus af un an up den See, üm to fischen.

Gliek dorhinner wier de olle Judenkirchhoff. De Gräwnisse lägen mang dat hohge Gebüsch, dor wier dat ümmer so boomstill un beten unheimlich, un denn käm ook al de Heidensee.

Bie uns in de Strat wahnten veele lütte Lüd, Handwarker, Klutenpedder, Händlers, Arbeiter, Stratenfeger, ook 'n Melkmann un een, de Keenholt verköpen däd, un 'n Fischkierl, denn noch Kooplüd un 'n poor Angestellte bie de Stadt. To den Lumpenhändler säden wi »Plünnenschulz«. Bie den verköfften wi, wat wi so »funn'n« harrn, Knakens un Nagels un oll Iesentüg. Harrn wi dor poor Pennings för kreegen, güngen wi up de anner Stratensiet un köfften uns bie Koopmann Kleinfeld »Musköddel« un »Minschenknaken«, wat man blots Lakritzen un Zuckerstangen wiern.

Veel Spaß harrn wi ook, wenn de lütten Händlers sick »Konkurrenz« maken däden. So käm dat vör, datt an de een Eck' de Fischkierl mit sienen Korr'n stünn un luthals reep: »Köpt Fisch! Schön' grön' Hiering! Köpt Fisch!«, un an de anner Eck stünn de Keenholtkierl un bölkte ook, wat he künn.

So güng dat ümmer: »Köpt Fisch!« reep de een, »Köpt Keen!« reep de anner. »Köpt Fisch«! – »Köpt Keen!« güng dat, bet se sick beid' an de Jacken kreegen.

Dat Flag üm den Hinnenhoff wier dunntomalen noch nich so bebugt as hüt. Veele Gordens lägen an de Strat un an de Höw, un wi harrn veel Utloop up de suern Wischen, de dor bet an den See rünner langten. Dat best wier de grote Schrottplatz achter de Infanteriekasern', dat wier för uns Bengels de schönste Upentholt. De Strat wier man 'ne Koppsteenstrat, un mit de Belüchtung wier 't man ok leeg, poor Gaslatern' un poor Petroleumsfunzeln glösten dor vör sick hen. Ook mit de »Hügenie« wier 't nich so dull; Waderklosetts gäw dat nich. Up 'n Hoff stünn so 'n lütt Hus, dor wier de Aftritt in. Dor güngen wi Jungs öwer meist gor nich ierst rin, dat wier uns to ümständlich. Wi makten uns Miegels in de ierst best Eck, un god wier 't.

Un 't wier ook 'ne kolle Gegend up den Hinnenhoff. De Wind fegte von den See öwer de lütten Hüser hen, un dat tochte üm jede Eck.

Ja, so wier dat up den Hinnenhoff. Dor heww ick miene Kinnerjohrn tobröcht.

To Hus wiern wi fief Geswister. Ick wier also de Öllst, un denn ümmer een nah den annern as de Örgelpiepen. Vadder wier 'n godmäudigen Minschen, de slög nich, öwer Mudder, de verstünn sick Respekt to verschaffen. Se fackelte nich lang, un batz! kregen wi een an 't Mul, datt't man so stöwte. Anners künn se sick nich dörchsetten. Ja, Vadder, de güng dagöwer sien Arbeit nah, de markte ja nicks von all dat Undög, wat wi anstellen däden. Öwer se – se müßte dat uthollen. Dor wier 't ja keen Wunner, datt ehr öfter mal de Hand utrutschen däd. Un wenn de Hand nich langte, denn harr se so 'n dicket Linjal, dat nähm se denn to Hülp, un dat tröck hen, jungedi, dat kann'ck di vertellen!

Wi harrn öwer ook uns Pulletik dorbie: wi bölkten so lut-hals un dull, wenn 't mal weck in de Jack gäw, datt de Lüd bie uns in dat Hus sick uprägten. Nich etwa, datt de Mitleed harrn mit de Hinrichsschen Gören, nee, dat nich. Dat wier doch nahst so 'ne Ort Staatsbürgerplicht. Jungs möten Schacht kriegen, süss ward nicks ut ehr. Nee, Mitleed wier 't nich. De wullten blot ehr Rauh hebben nah Fierabend, un so gäw de Huswirt Order: nah Klock acht abends dürft nich miehr »körperlich gezüchtigt werden«, so stünn dat in de Husordnung, von wegen den Husfreeden. Wenn wi nu wat utfretten harrn, wo wi Släg up to befürchten harrn, denn kämen wi ierst nah Klock acht nah Hus. Denn dürft Mudder blots noch schimpen, un dat makte uns rein gor nicks ut. Nahdragend wier se nich, annern Dag wier 't vergetten. Eenmal, in'n deepen Winter, wier de grote See ook tofrorn. Dat lockte uns Jungs, dat wier doch mal wat anners, as up den lütten Heidensee odder up den Papen-diek rümtosliddern. Öwer de grote See harr siene Nücken.

Un denn käm dat, as dat kamen müßt. As wi nu mit den ganzen Hümpel Jungs up dat Ies rümrönnten, dor krachte un klirrte dat, un rums! sät Corl Hinrichs in 't Wader. Dat käm dorvon, datt wi so mit teihn Bengels »Gummi« spälten un ümmer so up un dal wippten up dat dünne Ies. Dat makte groten Spaß, un Heiner Dähn un Ule Hacker, miene Frünn'n, de hüppten links un rechts von mi un bögten sick bannig, as ick nu in den See läg.

Dat Högen vergüng ehr öwer, denn de Bootsbuger, de an dat Äuwer sine Warkstäd harr, käm up dat Geschrei mit 'ne lange Stang' öwer dat Ies rönnt, haugte de beiden Bengels poor an 't Mul un schöw mi de Stang' to. Denn grep he nah, wo ick an 'n griffigsten wier, in de Hoorn, un treckte mi rut. »Verdammigte Bengels!« reep he un towte achter uns her, as wi nu weglöpen. »Bringt anständige Minschen ook noch mit in Gefohr!«

Nah Hus künn ick ja nu nich mit miene natten Klamotten, un up de Strat töben, bet ick wedder drög wier, dat güng ook nich bie teihn Grad ünner Null. Nee, Släg mit dat Linjal von Muddern wull ick nich, un dotfreern wull ick ook nich, un so güng ick up de Post.

Dor up dat Postamt stünn'n in de Schalterhall' twei bannig grote swatte Isenabens, de wiern ümmer so dull inböt't, dat se gläuhden. De Beamten müßten ja ook bie ehr verantwortungsvolle Arbeit, bie dat Markenanlicken un dat Stempeln un dat Lüd'angnarrn schön warm sitten. Corl Hinrichs also rin in de Post un stellte sick mit sienen natten Nors schön dicht an den Aben. Bet he dampte as 'n Schosteen. De Lüd harrn ollich Mitleed mit mi. Ick dreihgte mi nu ümmer so sachten von de een up de anner Siet, un dorbie schulte ick ümmer nah de grote Klock, de dor in den Saal anbröcht wier, datt de Herrn Beamten ook ümmer pünktlich Fierabend maken däden. Bet Klock acht wier de Post open, un nah acht gäw dat to Hus keen Släg miehr. So eenfach wier dat.

As ick nu drög nah Hus käm, keek Mudder mi so von de Sict an. Se wull doch giern weiten, worüm ick nich to 'n Abendeten kamen wier. Un Heiner Dähn harr petzt un ehr vertellt, datt Corl up den groten See inbraken wier. »Kumm man her, mien Jung«, säd se un keek mit dat een Oog nah ehr Linjal un mit dat anner, Gott sei Dank!, nah den Regelator, un denn grep se mi an mien Tüg. »Büst jo gor nich natt?« säd se verwunnert. »Woso natt?« frög ick ehr. »Heiner Dähn hett mi doch seggt, du büst inbraken!« – »Wat? Ick?? Inbraken??? Oh, Heiner, dor lur up!« rep ick un mök mien alleriehrlichstet Gesicht. »He is sülben inbraken, un nu will hei mi blots mit rintrecken!« säd ick. Dor strek se mi öwer dat Hoor un säd: »Na, denn is ja man god, mien Jung!« Dor markte ick, datt se mi doch sihr leiw harr, un ick schamte mi ock, datt ick ehr harr anleigen wullt. Öwer seggt heww ick nicks. Ierst veel later, ick wier längst grot un sülwst verheurodt, dor heww ick ehr dat vertellt. Dat wull ick nich up mi sitten laten. Se wier doch mien Mudder. Gewiß, se wier fix mit den Schacht bie de Hand, öwer se wier doch 'n goden Minschen, un ick heww se hoch in Ihren hollen, so lang se lewt hett. Se hett in harte Tieden fief Gören grotmakt, keen hett ehr hulpen dorbie, Kinnergeld un Hort un Scholeten un so wat, as dat hüt för de meisten Minschen ganz sülwstverständlich is un wo keener öwer nahdenken will, dat gäw dat jo alles nich.

Un wenn ick 't so bedenk: wat hebben wi Bengels ehr doch so för Kummer makt. Eenmal, dor wier ick noch lütt, dor heww ick bienah dat ganze Hus in Brand stäken. Vadder, wenn de middags nah Hus käm, denn sett'te he sick nah dat Eten för de teihn Minuten, de em noch bleewen, bet he wedder los müßt, in sienen Schaukelstohl an't Finster, makte noch twei, drei Tög ut siene Zigarr un nickte denn 'n beten öwer. Ick sät dorbie. Un as de Düwel dat wull, kreeg ick de Striekhölten to faten, un denn stünn de Gardin ook al in helle Flamm'n, dat Finsterkrüz ook bald. Vadder nicks wie hoch, he hett de Gardinen rünner reeten, perte de Flammen ut un makte mit sien Kissen ook dat Füer an dat Finsterkrüz ut. Mudder, de bie dat Gewäs in de Stuw käm, grep mi furts bie den Kragen un verwamste mi nah Strick un Faden. Dat heww ick mi markt; mit Füer heww ick nie nich wedder spält.

Öwer süss wier ick 'n Dullbrägen. Wi harrn all Ökelnamen; mi nömten se »Gewidder«. Dat köm dorvon, dat ick ümmer so ballerig un vull Kraasch wier, dat heww ick woll von mien Mudder arwt. De Nam' hüng mi noch lang an, bet in de dörtiger Johrn, wo miene Frünn' und Bekannten »Gewiddermaler« to mi säden.

Bie uns up 'n Hinnenhoff un in de annern Straten dichtbie, de Hospitalstrat un de Werderstrat, wiern wi 'n groten Hümpel Bengels, an de föfftig Mann hoch, gröttere un lüttere. In de Kaisertiet wier ja ook dat Soldatenspäl grot in Mod', wi wiern al so uptrocken nah dat Motto »Es braust ein Ruf wie Donnerhall«, un wi hadden ja ook dat Biespill up den Exerzierplatz un up den Kasernenhoff dagdäglich vör Oogen.

De dat Seggen harrn un dorbie 'ne Uniform antreckten, dat wier ein; sogar bie den Husmeester in uns' Schol un den Upseher ut dat Armenhus, de de armen Lüd unner sien Fuchtel nähm. Ünner sien Kommando müßten se mit den groten Tubbenkarren nah den Markt henschuben un dor reinmaken, wat de Marktfrugens dor liggen laten harrn.

Bie all de Uniformen un de kaisertreue Erziehung wier 't keen Wunner, dat wi ook 'ne Armee bild'ten. Uns General wier mien Fründ Ule Hacker. He wier twei Johr öller as ick un öwerragte uns alle. He wier 'n bannig fixen un grotmuligen Bengel, de sick von keenen Minschen wat gefallen lät. Un he harr ümmer nicks as Undög in sienen borstigen Kopp.

Up de anner Siet von'n Papendieck un den Teigel-Binnensee wahnten de Bengels von de Wismersche Strat. Dat wiern uns' Gegners, ook nich beder as wi un ebenso grotmulig. Mennigmol hebben wi regelrechte Slachten utfochten. De »Wismerschen« kämen denn öwer den Spieltordamm trocken mit ehren Anführer vörnweg, un wi ehr öwer de Werderstrat un dörch de Hospitalstrat entgegen. Alle Mann as dull utrüst't mit Knüppels un Handspiken un Katapulten, sogar echte Kavalleriesäbels harrn weck ümtobammeln.

In de Landriederstrat käm dat denn to 'n groten Spektakel. Ule Hacker gäw dat Signal to 'n Angriff, he smeet mit 'n deegten Steen den iersten von de Wismerschen an den dicken Kopp un bölkte: »Rann an den Feind! Hurrah!«, un denn güng dat los, datt de Fetzen flögen. De Lüd in de Strat makten, datt se wegkämen; se harrn Angst, datt se ook noch wat afkriegen künn'n, un de Frugens makten de Finster to. Dat wier 'n regelrechtes Stratengefecht, un 't güng ook bannig bläudig to. Dat güng so lang, bet de ein Partei upgeben müßt un weglöp. Spaß wier dat nich miehr. – Meist hebben wi twors siegt, öwer nich ahn »Verlusten«. Eenmal harr ick so 'ne Buhlen an'n Kopp, datt mi Mudder ierst gor nich erkennen däd, as ick nah Hus käm. Öwer denn kreeg ick noch weck to von ehr, wat mi nich wieder stürt hett. Wi hadden gor 'ne Kanon', de richtig scheiten däd. Dat wier woll 'ne oll Böllerkanon', ick weet nich miehr, wo wi se herharrn. De bugten wi up 'ne Lafett' mit Röer an. Lad't würd se mit Nagels un Glassplitter un lütte Steen, un denn würd se mit 'ne Lunt affüert. Dat bratzte un krachte as dull! Utprobiert harrn wi dat Ding ierst an den Medeweger See, un Ule Hacker meente, de Kanon' würr woll gor öwer den See röwerschaten hebben. Dat weet ick nich, ob dat stimmte, öwer Ule wier jo ümmer beten grot mit sien Mul, dat wüßten wi ja. Up jeden Fall: hellschen gefährlich wier dat Diert, un bie de nächste Slacht, as wi uns »Feldschlange« affüern däden, smeten sick de Wismerschen all platt up de Strat, un wi hadden 't licht, se neddertomaken.

Ditmal harr de Sak öwer denn doch 'n banniges Nahspill. Gegen Kriegspälen säd keener wat, öwer nu mit 'ne richtige scharpe Kanon', dat güng de Polizei to wiet. Se riegelte de Landriederstrat an beide Enn'n af un jogte uns mit Gummiknüppels utenanner, datt't man so ballern däd. Dat wier denn ook de letzte Slacht in de Landriederstrat. Nächsten Dag gäw dat in de Schol noch 'n Strafgericht un för de Anführers 'ne Dracht Släg. Un ook to Hus bleew 't nich bie 'ne Mulschell. Un dat wier denn woll de eigentliche Grund, datt uns dat vergüng, wo wi doch nu för een un datsülwig Verbreken gliek dreemol Prögel kreegen harrn.

Prögelstraf', Beden, Pariern un Utwendigliern, dat wiern ook de Hauptsaken bie uns Scholtiet. Wie güngen in de Hospitalschol. Dat wier ’n groten, roden Teigelkasten, de dor schon öwer föftig Johrn stünn, ’ne echte grotherzogliche Prögelanstalt. Een Klass’ heww ick gliek tweimal maken müßt; ick weit nich miehr, weck dat wier. An de Schol heww ick blot leege Erinnerungen, keene goden. Dat Best wier dat Swänzen, säd Heiner Dähn ümmer. Un ick meinte dat ook. Makte ja ook veel miehr Spaß, up den Schottplatz achter de Kasern’n de Rotten dottoslagen, de dor dutzendenwies rümhüppten. Nee, von de Schol giwt dat nich veel miehr to vertellen, as datt dat ne leege Tiet wier. De Husmeester drög Uniform as ’n Feldwebel un regierte mit Mulschellen un Bölkerie, un wenn de Direkter käm, denn stünn hei stramm un salutierte as för ’n General. Bie de Oberliehrers, de wat to seggen harrn, makte hei ook noch ’n Deiner, öwer de jungen Liehrers keek he man mit ’n Nors an. Un wi Schölers wiern öwerhaupt gor nicks wiert. Ick glöw, bie em güng alls nah den Satz: »Scholdeiner is ’n schönen Posten, wenn man blot de verdammigten Bengels nich wiern.«

Een Liehrer wier ’n bannig fürchterlichen Släger, he höll ümmer so ’ne Ort von Raut’ ut tosammenbunnen Rohrstöck’ hinner sick prat. He drög eenen swatten Gehrock; siene swatten Hoor’n, de em piel von den Kopp afstünn’n, un sien swatten Spitzbort dorto, dat wier ’n beten veel wat Düsteres. He keek uns dörch siene Brill so scharp an un luerte blot up ’ne Gelegenheit, siene »pädagogischen Fähigkeiten« uttospälen. Oft käm dat vör, datt sick Frugens bie den Direkter öwer em beswerten, wenn he to dull henlangt un de Jungs den Puckel grön un blaag slagen harr. Ook miene Mudder krüzte eens goden Dags up. Se höll sick öwer nich mit den Direkter up, se güng furts to den Swatten sülwst un läste em de Levitten. Wenn een’ ehren Jungen slög, denn se sülwst, un süss kein’, säd se em in ’t Gesicht. Un hei süll ’t nich noch eens wagen, se würr kamen un em dat trüggeben, wat he an mi dahn harr. Un in ehr’n Arger mischte se nu dütsche un plattdütsche un französ’sche Brocken dörchenanner, wat woll’ n groten Indruck up den Kierl maken däd. Öwer ’t duerte nich lang, un hei harr mi doch wedder up den Kieker.

Öwer wenn ick nu so nahdenk: eenmal heww ick in disse

verdammte »Knabenzuchtanstalt« doch 'n godes Wurt hürt, wat mi mien Leben lang as so 'ne Ort von Orakel vörkamen is, un dat wier so: In'n Mand April 1912 wier de engelsche Riesendamper »Titanic« mit tweedusend Minschen an Burd mit 'n Isbarg tosamenstött't un in den Atlantik ünnergahn. Dat wier donntomalen de gröttst Katastroph'. Mien Mudder harr uns mit bewerige Stimm dat ganze Theater ut dat Wochenblatt vörläst. Dor wier allens ganz genau beschreeben un mit all de grugeligen Einzelheiten utmalt, datt man sick allens vörstellen künn. Un ick hew dat in mine Phantasie richdig vör mi aflopen seihn: wo de Minschen in dat ieskolle Wader sprüngen, un wo toletzt dat Schipp mit den Achtersteven vöran un rookende Schosteens ünnergüng. Dat wier Stadt- und ook Scholgespräch, un ick malte nu in de Paus' twischen twee Stunn'n dat ganze Spektakel mit Kried' an de swatte Tafel in uns' Klassentimmer, ganz »naturalistisch«, dat Schipp in'n Hinnergrund, un vörn de hohgen Wellen un de Köpp von de Lüd, de dor in paddelten un mit wietupgeretene Münn' um Hülp schreegen. Eben wier ick nu fardig mit mien Wark, dor güng de Dör up, un de Liehrer käm rin. He wier noch 'n jungen Kierl, un wi wüßten noch nich, wo hei sick so maken würr un wat hei ook so 'n Kinnerschinner wier as de mit de swatten Hoorn. Ick stünn dor nu mit de Kried in de Hand, de annern Jungs wiern fix up ehr Plätz' loopen, un de Liehrer keek mi an, denn keek hei up de Tafel un denn wedder up mi, un denn frög hei streng: »Hast du das gemacht?«

»Ja«, anterte ick un makte mi schon up 'ne Afstrafung gefaßt. Öwer 't käm anners. He güng noch een, twee Schritt trügg, nähm dat ganze Gemäld' in Oogenschien un säd' denn: »Der Junge hat Talent! Setzen!«

Dat Bild bleew de ganze Stunn' an de Tafel stahn, un de Liehrer verklorte uns ganz verstännig, wo dat togahn wier bie dat Unglück.

Dat wier öwer ook dat einzig' Mal, dat mi dat god güng in de Schol an de Hospitalstrat. Mi wier't liekers leiwer, ick künn den ollen Kasten von buten as von binnen bekieken.

Miene wohre Schol wier de Strat un wat dat dor all to seihn un to erleben gäw.

Dat hett sick mi so fast inprägt, datt ick noch hüt all de Szenerien un Gestalten ut 'n Kopp teiknen odder beschrieben künn. Wo dat to 'n Biespill up den Slachtermarkt togüng! Wat wier 't 'n Gedräng un Getow, wenn Marktdag wier un all de ollen Buerwiewer ut Lankow odder Medeweg' mit ehrn Kram hökerten. Dor gäw dat allens to köpen, wat ein'n sick blot denken künn, nich blot Peiterzill un gröne Appels, as dat hüt is. Nee! Dor wiern alle Sorten von Gemüs', de so in de Johrstiet wüssen, grote Barg' von Röben un Kohlköpp in Rot un Witt un Wirsing, dor gäw dat Zipolln un Sallat un Marretzig, un Awt, wat man wull: Appels un Beern un Plumm' un Kirschen, suer un söt, ook grote Körbsen un Tüffeln. Dor wiern ook weck, de hannelten mit Höhner un Gös un Duwen, öwer ook mit Fisch un mit Kräwten, man künn ook Bessen köpen un Körw. Öwerall wiern denn de Madammen mit ehre Stützen ünnerwegens. De hadden dat god updeilt: de Stütz drög den Korw mit dat Ingeköffte, un de Madamm drög dat Portjuchhe un de Verantwurtung. Dat wier 'n Hanneln un Feilschen, de Bodder würd an Ort un Stell mit de Metzenspitz pröwt. Gliek üm de Eck, up den Groten Mur, würd mit Farken un Swien hannelt, ook mit Pierd un anner lewendig Veih. Dor gäw dat ook mennig lütte Ladens un Handwarkers, ook Kneipen un Bäckerien wiern dor. Un an een Eck harr een oll Fru ehrn lütten Zigarrnladen. De nennten wi »Jackenkrögersch«; de harr in ehrn Laden bie de Dör 'n groten Käfig mit een Pappagei to bammeln, dat wie 'n hellschen Uppasser. Ümmer, wenn een von de Kunden ut de Dör wull, denn krietschte dat Diert: »Hest ook all betahlt? Hest ook all betahlt?«

Dat Best' an dat ganze Driewen un Marachen üm den Mark rüm – dat wier de »staatliche Stratenfeger« August Felten. He fäuhlte sick in siene Verantwortung von so'ne Ort »Würde des Beamten« durchdrungen. Dat Fegen wier siene Leidenschaft un Lebensupgaw, un he löt sick dobie nich stürn. Wo he fegte, dor fegte he, dor gäw dat nicks. Bie uns Jungs güll twors de Parol: ümmer rechtsch vörbi!, dat nützte öwer bie Augusten nicks, den leep keener ungestraft vör den Bessen. He harr sick 'n grot Arsenal von Schimpwürd un Groffheiten toleggt, un dormit höl he ook nich vör »Standespersonen« up. »Wech mit Hunnschiet, ick möt fegen!« wier sien Slachtrop.

To siene Plichten hürte dat ook, Klock ein den Markt reintomaken. Kum slög de Domklock ein, denn sett'te August den Bessen an. Dor müßte nu allens »rennen, retten, flüchten«, üm dat mit Schillern to seggen, he duld'te keen Uphollen in sienen staatlichen Orrnungsdrang. He makte einen Heidenspektakel, wenn de Fischfrugens odder de Buerwiewer odder de Bandjuden ehrn Kram nich fix naug von de Strat kriegen däden. »Wech mit Hunnschiet, ick möt fegen!«

So wier dat to 'ne grote Fiendschaft twischen August Felten un de Hannelslüd kamen, un dat gäw mennigmal grote Wurtslachten twischen de fiendlichen Parteien, datt dat man so rookte. Un wi Jungs stünn'n an 'ne Eck' un högten uns un hebben ook nich selten wat Nieges toliert to unse däglichen Redensorten.

August Felten wier 'n slanken, middelgroten Kierl. In miene Erinnerung nimmt he sick so ut, as wenn he sick nie veränneert hett mit siene flache Soldatenmütz up den Kopp, mit de he würklich as 'ne »Dienstperson« utsähg, un mit sienen struppigen Schnuzbort, de von dat Tabakgnagen al bannig geel wier ünner de Näs. He höll sick grad bie siene Arbeit un fläut'te un süng vör sick hin, wenn he in Rauh fegen künn. He harr sien'n Stolt un höll veel up Sauberkeit. Wi Bengels hebben em giern argert, un dat künn he nich af. An'n slimmsten wier 't, wenn ein von de Rasselbande em achtern toröp: »August, dat brennt!« Wat wier dat denn för'n Upstand! He verwannelte sick ut 'n friedlichen Stratenfeger un Sänger in so 'ne Ort wütigen Draken. He swüng sienen Bessen un slög to, wo de eenfach hertröf, un attackierte de Öweltäters mit so veel Kraftutdrück un Schimpwürd, bet se all üm de Eck stöwten un he wedder in Rauh fegen künn.

Schenken leet sick August nicks. Wull em een von de beteren Herrn von den Magistrat odder von de Regierung gnädig 'ne Zigarr anbeeden, schürrte he den Kopp un lehnte af. »Hest

woll toveel?« frög he den spendablen Passanten, datt he dor noch stünn mit siene Zigarr in de Hand, wenn August al fief Schritt wieder fegte. Fünn he öwer 'n Zigarrenstummel in 'n Rönnsteen, denn freute he sick un stök em in de Tasch.

Man möt sick wunnern, datt in de »Hof- und Residenzstadt Schwerin«, wo 't so veel Stannesdünkel un Hoffseligkeit gäw, ook so 'ne Lüd lewten as August Felten dat wier, de ehre Anstännigkeit behölen un sick nicks von de beteren Herrschaften vörmaken leeten. So is dat mol passeert, datt 'ne siehr staatsche öwernäsige Dam', de mit een'n dull slanken adligen Offizier verheurodt wier, mit »spitzen Worten« Augusten up siene untemliche Benimmität in den Ümgang mit de Markfrugens henwiesen würr. Dat wier eben Marktschluß, de Domklock harr ein slagen, un he müßt fegen. So keek August de fiene Fru scharp an, stött't sienen Bessen up den Borden un säd: »Wat deihst du denn Klock ein noch up den Mark? Scher di nah Hus un kak dienen Kierl wat to eten, den kickt ja al dat Vadderunser dörch de Rippen!« Nee, in siene Dienstplichten löt sick August nich mal von den Hoffklüngel wat bedüden.

Öwer August Felten hebben sick de ollen Sweriner soveel Geschichten vertellt, datt ick glöw, datt de meisten dorvon woll erfunnen sünd. Öwer dat makt ja nicks, 'ne gode Leig is beder as 'ne leege Wohrheet. Ook wi Künstlers möten ja de Welt ümmer wedder nieg erfinnen, un de Wohrheet steckt deiper as in de Würd, mit de se seggt ward. Un so will ick denn ook noch een Geschicht' von Augusten vertellen, de woll nich ganz stubenrein is, öwer dütlich utdrückt, wat August von de fiene Gesellschaft höll.

Dat wier so: August führte mit de Stratenbahn, he stünn mit sienen Bessen up de Plattform. To Middag harr hei Kohlsupp eten, de wier woll 'n beten wat fett un swor wäst un drückte em nu up den Liew. August in siene Infolt kennte dor nu man een Middel: Rut mit em! Un so löt he nu ook bannig einen gahn. In de Bahn säten öwer noch twei betere Frugens, de harrn dat hürt un beswerten sick nu gliek, wat he för 'n unanstännigen Kierl wir. »Pfui, wie roh, Herr Felten!« säd de ein. Un August griente un frög: »Sall de ook noch kakt warden?«

An dat Enn' von miene iersten teihn Johr stünn ein Erlewnis, wat woll veele Schweriner ehr Leben lang nich vergetten.

Dat wier an den späten Abend von den vierteihnsten Dezember nägenteihnhunnertdörteihn, dor halte uns Vadder ut den iersten Slap: »Dat Slott brennt!« reep hei, un wi fohrten in uns Büxen, wickelten uns noch 'n Schal extra üm den Hals, un denn güng dat los nah den Ollen Gorden. De Wind käm von Nurden öwer den See brust, 't wier bannig kolt. De ganze Hewen öwer de Stadt wier al gläuhnig rod, un as wi up den Ollen Gorden ankämen, wier dor al 'n bannig' Gedräng'. Schutzlüd un Soldaten schöwen de nieglichen Minschen ümmer wedder trügg, de Füerwehrwagens ratterten öwer de Slottbrügg, de Pierd schuchten vör Angst, un de Flammen slögen ut den hohgen Dackstauhl bie 'n Burgsee, ut de Finstern un ut de Törn, dat prasselte un krachte un wier rein gräsig antoseihn. Von alle Sieden kämen ümmer niege Trupps un Füerwehrlüd, bet spät in de Nacht wiern se mit ehrn Sprütten un Leddern togäng. Wi stünnen mit Vadder up de grote Museumstrepp' un keeken uns dat grugelige Schauspill de ganze Nacht an. So Klock half drei käm denn ook noch de Rostocker Füerwehr to Hülp, un sogor ut Hamborg rückten veer grote Dampsprütten an, de hadden se per Bahn verladen un nah Schwerin schickt. 't wier Klock söss morgens, as wi endlich to Hus wiern.

In den ollen Jesse siene Schweriner Stadtgeschicht' heww ick läst, datt dat Füer up'n Sünndag utbraken is, also müt de Dag dorup je n' Mandag west sien. Ob wi dor nu scholfrie kreegen harrn odder ob wi uns dat nahmen harrn, dat heww ick vergetten.

Dat Füer wier 'ne dulle Sensation för de Stadt un woll ook för ganz Norddütschland; 't sall 'n Schaden von öwer anderthalf Millionen Goldmark anricht hatt hebben. Na, 't dröp ja keen'n Armen, de Not wier grötter west, wenn de Landriederstrat odder uns' Hinnenhoff afbrennt wier. De Lüd, de ja früher veel miehr spökenkiekerig veranlagt wiern as hüt, de wullten nu gliek in den Brand 'n bös' Vörteiken erkennen. Dat Petermänken, de lütte Slottgeist, harr dat Füer leggt, säden de Spökenkieker, üm de hohgen Herrschaften in ehr Hoffahrt eens

up den Deez to geben un üm een noch veel grötteres Unglück antodrohen, wenn se sick nich besinn'n würden in ehr Habgier un Prachtsucht. Ja, ick weit, de meisten hebben disse Vörhersag' to den iersten Weltkrieg hen seihn, de ja denn ook an den iersten August vierteihn utbrök. Dat wier nu Wader up de Moehlen von de Kortenleggerschen un Wohrsagerschen.

Nee, de Lüd, de an den Abend up den Ollen Gorden stünn'n, üm dat grot Füer antokieken, da harrn sick gor nich utmalen könnt, woans dat een Johr later för 'n grot Füer in de ganze Welt gäw. Un wenn se 't wüßt harrn, wat se veer Johr later wüßten, denn harrn se de Schuld nich up dat arme Petermänken schaben, woll öwer up de, de de Krieg' maken däden, up de Grotverdeiner in 'n trauten Verein mit »Thron und Altar«. Un ook up Grotherzog Friedrich Franz den Veerten, den an den veerteihnsten Dezember dörteihn dat half' Hus öwer den Kopp afbrennt wier. Doch he harr jo ook noch anner Hüser.

Ick mit miene teihn Johrn wier noch veel to lütt un to dömlich, dat to begripen. Dat süll noch poor Johrn duern, bet ick sowiet kamen süll, mi doröwer Gedanken to maken.

Mit dat grot Füer güng mien ierst Johrteihnt to Enn, un mit 'n noch veel grötteres Füer füng dat tweit an, wo allens up den Kopp stellt würr, wat mal eins up de Been stünn.

Dat tweit Johrteihnt

Öwer noch güng dat Leben sienen normalen Gang in de »Haupt- und Residenzstadt« Schwerin. De Hoff bestimmte allens, un dat ganze Drieben un Wesen in de Stadt wier so, as dat ümmer west wier. De de bunten Uniformen anhadden un 'n »von« bie ehrn Namen, de hadden dat Seggen, un de annern hadden dat Mul to hollen un 'n deipen Deiner to maken, wenn de Grotherzog mit siene Glaskalesch' dörch de Stadt führte, von dat Slott öwer den Ollen Gorden un denn dörch de Slott- un de Königsstrat, üm siene hohge Verwandtschaft in dat Palais to besöken. He sät denn so vörnehm in de Kutsch un winkte gnädig mit siene dörchlauchtigste Hand, wenn de Lüd an de Straten stünn'n un ehrn Buckel krumm makten. Nu hadd he öwer dat Rieten odder den Podegra in sienen Arm, un dat veele Winken makte em Weihdag'. He öwerleggte sick nu, woans he sick von dat beswerliche Grüßen friemaken künn. Grüßen müßt he, süss harrn de braven Residenzbürger em dat öwelnahmen un viellicht seggt, he wier nich jovial naug, so as sien Grotvadder Friedrich Franz de Tweite, de ja noch hüttodags up sienen grotmächtigen Gaul dörch den Slottgarden rieden möt, grad up dat Slott to, un kümmt doch keen een Schritt vöran. Up dissen Grotherzog höllen de ollen Schweriner grote Stücken, öwer noch veel gröttere up sienen Vadder, de Paul Friedrich heiten un so 'ne malle Hoorfrisur hatt hett, as man dat hüt noch an sienen Bronzekopp bie dat Slott bekieken kann.

Na, jedenfalls, de Grotherzog besnackte sick nu mit sienen Berader, un de meente, he künn sick ja von een'n Theaterstukkateur, de 'n groten Künstler wier, so 'ne Imitatschon von sienen rechten Arm maken laten, so richtig mit Ring' an de Finger un fein polierte Nagels un mit 'ne schöne witte Manschett up den Armel upfidummt, un denn künn he dissen Kunstarm so mit 'ne Fedder in siene Kalesch achter dat Siedenfinster fastmaken laten, datt de Arm bie dat Führn von de Kutsch up un dal wippen däd un de Lüd denken däden, dat Siene Königliche Hoheit jovial winken däd. Dat geföl em, un he leet sick dat so maken, as sien Berader em dat vörslög, un nu künn he sick immer ganz beruhigt in de Polster trüggleggen. Dat Winken makte nu de Kunstarm, un de Lüd up de Strat makten ehrn deipen Deiner, as sick dat hürte – dat güng so schön as hüt de polnischen Winkepoten, de sick de Lüd achtern in ehr Trabbifinster fastmaken.

Wenn ick disse Geschicht vertell, denn kümmt dat vör, dat weck von de Tauhürers seggen: Corl, du lüggst! Dorto kann ick blot seggen: Ne gode Leig is beder as – öwer ick mark dat schon, ick wedderhal mi. Dat möten S' mi öwer nich öwelnehm'n, dat kann bie so 'n ollen Kierl, as ick dat bün, schon mal passeern. Ook de Geschicht, de so kort vör den iersten Weltkrieg vörkäm, glöwen mi mennig Lüd nich to. Makt nicks, vertellt ward se doch. Dat wier so: Wi harrn Kunfirmann'- odder Religionsünnerricht to Enn'. Dat wier so bannig schönes Winterwäder, de Burgsee wier tofrorn, un dat lockte ja nu, gliek so schräg öwer den See nah Stadt totoglitschen. 't wier liekers verbaden, öwer dat künn uns nich upregen. As wi nu so sachten an dat Burgseeäuwer bie de Beaugencystrat (de heet hüt Graf-Schack-Allee) kämen, stünn dor 'n Schutzmann un winkte uns as dull, wi sülln to em an 't Äuwer kamen. Wi dachten ierst, he wull uns upschrieben »wegen unbefugten Betretens des Eises« oder so wat, öwer he wiwagte mit siene Armen un wieste immer achter sick up de Strat. Wi makten nu den Hals lang un künn'n denn seihn, datt dor 'n Pierd ümfollen wier, 'n ollen Klepper, de in siene Sielen dodbleeben wier, as dat ja de Minschen ook mennigmal geiht. Na, nu kladderten wi denn an Land, un de Schandarm schimpte gor nich mit uns. He säd, wi sülln em helpen, dat Diert üm de Eck in de Klosterstrat to sliepen. Na, mit twintig Jungs un Gottes Hülp makten wi dat ook; an den ollen Schinner wier ook nicks miehr an, un so schafften wi dat denn. De Schutzmann bedankte sick richtig, halte denn sien Rapportbok ut de Tasch, lickte sienen Bliesticken an un schreew un säd dat ook noch lies vör sick hen, as müßt hei sick sülm vörseggen: »13. Februar, 3 Uhr nachmittags ein Ferd in die Kloster Straße um gefallen.« Nu wier uns allens klor: »Beaugency« künn he nich schrieben. He wüßt viellicht gor nich, wat dat wier: »Beaugency«. Un wi Bengels wüßten dat ook nich. Dat wier 'ne lütte Stadt in Frankriek, dor harrn s' 1870 oder 71 meckelnbörgsche Soldaten up de Franzmänner hitt't, wiern ook mennig bie dodbleeben. De hadden dor ook nicks von, datt nu se to Ihrn 'ne Strat in Schwerin benömt wier. Öwer nu, 1914, käm de Franzosenhaß wedder grot up, un dat rummelte man so in de grote Pulletik. Öwerall tröcken sick Wulken tosamen, nich blot öwer unsen Papendiek, nee, öwer ganz Europa. Man ick verstünn nich veel dorvon, ick glöwte dat, wat se mi seggen däden, datt se Dütschland an de Ihr un sick för ehr Nedderlag vör viertig Johrn rächen wullen. So säden se uns dat in de Schol. Un so stünn dat ook in 't Blatt. Un as se denn in Serbien den österreich'schen Thronfolger Franz Ferdinand un sien Fru dodschaten harrn, na, dor güng't nu an, dat künn dat Dütsche Riek nich up sick sitten laten, säden se, nu müßten se all ünner Wapen, nu güng 't los!

't wier 'ne grote Begeisterung un Upregung an den iersten August vierteihn! De Dütschen kämen sick vör as so 'n Hauptbengel in'ne Scholklass', de so af un to dat unbännige Gefäuhl kreeg, he müßt nu wedder mol poor Mitschöler verprögeln un ünnerdükern, datt se ook nich an twiefelten, datt he de Gröttst wier.

In de Schol harrn de Liehrers all blänkrige Oogen; de jüngern Pauker mell'ten sick furts friewillig, un ook de grötteren Bengels wullen standepeed an de Front schickt warden. Un wi müßten up den Scholhoff antreden un »Es braust ein Ruf wie Donnerhall« singen, un de Direkter höll 'ne scharpe Ansprak. De Soldaten ut de Artleriekasern' wiern de iersten, de utrückten. De armen Kierls, wenn de wüßt harrn, wat up se töwte! Öwer se wüßten nicks; se glöwten, se wiern nah söß Weken wedder to Hus. Ehr Brutens un Müdder leepen neben de Kolonn'n her to 'n Bahnhoff, se hadden ehr Brü'gams un Sähnen lütte Blaumenstrütz geben, de se in ehr Karabinerlöp rinsteckt harrn odder de se sick an de Pickelhuw fastmakten. Se bröchten se to 'n Bahnhoff, as man dat mit einen makt, de up Urlow führt odder to Kur, un se süngen un lachten un winkten, as wier 't 'n Volksfest. Oh, Mann, wat würd se dat begriesmulen! Öwer se wüßten 't ja nich.

Up den Bahnhoff güng 't denn rin in de Waggons, »6 Pferde oder 50 Mann« stünn dor an. Se hadden ook 'n lütten Aben in un Strohsäck, un all harrn s' von Mudders noch wat mitkreegen – de een harr 'n Schinken ünnern Arm, de anner 'ne Buddel Wien, weck harrn grote Stuten un lange Wöst. Heidi, wat wier 't 'n Leben! »Siegreich wolln wir Frankreich schlagen!« süngen se, un de Offiziere un de Feldwebels, de makten so fründliche Gesichter un wiern so leiw to ehrn Ünnergebenen, as harrn se se nie öwern Kasernenhoff jogt.

Un doch gäw dat Lüd, de an dat fixe Siegen nich so recht glöwten. Gewiß, se säden nicks, jedenfalls nich öffentlich. Alles müßt ja nu up den Kaiser swören, un se harrn ja ook all 'n »dütschet Hart in de Bost«, so as de berühmte mecklenbörgsche Dichter Rudolf Tarnow, de eigentlich man blot Inspekter up den Sachsenbarg wier in de Irrenanstalt, öwer de mit siene plattdütschen Rimels von Köster Klickermann un von Korl Beggerow nu so veel von sick reden makte. As nu de Krieg losgüng, sett'te he sick hen un schreew gliek 'n Stremel patriotische Rimels. Een fung so an:

Nu is de Weltkrieg kamen,
nu brennt dat lichterloh!
Von alle Sieden trecken s' ran,
Franzos' un Russ' un Engelsmann, –
nu, Dütsche, holt tosamen!
Holt hoch den dütschen Namen,
un Gott seih gnädig tau! –,

un luder so 'n Schiet. Dat käm sülwst mi in mienen naiven Verstand komisch vör – woans süll de leiwe Gott dat woll maken? Bed'ten nich ook de Franzosen to em un de Englänner un besonners de framen Russen? Hadden de nu all 'n extra Gott? Odder woans güng dat? Bie uns to Hus käm öfters 'ne oll Fru; Mudder säd »Mudder Brandt« to ehr, un uns Jungs wier se beten wat grugelig, denn se künn de Taukunft vörutseggen, ook ut de Korten un ut de Hand lesen, Veih un Minschen bespreken. Miene Wratten harr se ook wegmakt, un as mien Broder Fritz de Masern kreeg, käm se ook un makte ehrn Kram, un he wier ook bald wedder up den Damm. Giwt ja so Saken twischen Himmel un Ird, de wi mit unsen modernen Verstand noch nich so recht begriepen.

Na, Mudder Brandt käm also wedder mal. Se sät bie uns in de Kök, rührte in ehrn Kaffepot rüm (noch gäw dat ja echten Kaffe) un snackte mit Mudders. Se wier man 'ne arme Fru un güng ümmer trüchwarts ut de Dör, wenn se nah Hus wull. Wi glöwten, datt se dat makte, wiel se öwerglöwsch wier un den Düwel nich antrecken wull, öwer Mudders meente, de däd dat, datt wi ehrn kaputtigen Rock un de Löcker in ehr Strümp nich to seihn kriegen sülln.

Mudder Brandt rührte in ehr Tass, as ick al seggt heww, nähm mit ehrn spitzen Mul 'n vörsichtigen Sluck, üm sick de Tung nich to verbrennen, un säd: »Ne, de Kaiser mit den korten Arm, de künn dissen Krieg nich gewinnen. Dat heww ick in de Korten läst, un in den Kaffesatz steiht dat ook!«

So seite se den iersten Twiefel an den Kaiser un sien Dütschet Riek in miene Seel (wenn ick een' harr).

Mit de Wiel käm dat ja ook so, as Mudder Brandt dat in ehrn Kaffesatz lest harr: de Krieg wier woll doch nich so licht to gewinnen, as Willem mit den korten Arm dat siene Ünnertanen wiesmaken wull. Un bie uns to Hus wier 't man ook leeg: 't gäw bald nicks miehr to köpen un nicks to eten, un Vadder künn ook nicks ranschaffen, de Danzmusik wier nu nich miehr so nödig, un up siene Arbeit as Retuscheur leggten de Lüd ook nich so 'n Wiert, de harrn ja nu anner Sorgen naug, un se leeten sick nich miehr so giern fotografiern.

Uns Mudder kreeg dunntomalen de iersten griesen Hoorn. Woans süll se uns ook sattkriegen? Mit Steckröbenmus? Wi wiern Bengels in dat Öller, wo wi wat mang de Kusen brukten, ollig poor Eier in de Pann, Speck dorto, 'n Pott Melk achteran un'n groten Hümpel Tüften up den Teller. Dormit wier 't nu ut.

Ick kann mi noch god erinnern, datt Mudder in dat drüdde Kriegsjohr anfüng, dat Brodschapp aftoschluten. Dat güng nich anners; wi harrn süss dat Brod för de ganze Woch' in twee Dag upfretten. Üppig harrn wi ja vör den Krieg ook nich lewt, öwer 't wier ümmer so veel Brod dor, datt sick dat jeder nehmen künn, wenn he Hunger harr, un de Smoltpott wier ook nie nich lerrig. Un nu? Nu müßt Mudders sick 'n iesern Schlott köpen un dat vör dat Brodschapp hängen. Dat möt man sick vörstellen, wat dat 'ne Mudder in ehrn Harten weihdauhn möt, wenn se vör ehr eigen Kinner dat Brod verstäken möt!

Ick weet noch, datt wi mal, as se up Arbeit wier (se güng Putzen, üm noch 'n poor Groschen dorto to verdeinen), dat Kökschapp von de Wand afschöben, achtern an de Rückwand 'n Brett losmakten un uns 'n deegten Kanten ruthalten. Klor, datt se dat markt harr. Se harr nich schimpt. Se säd keen Wurt, se sett'te sick stumm an den Kökendisch, un de Tranen löpen ehr öwer dat Gesicht. 't wier to marken, se rohrte nich öwer uns »Verbreken«.

Dat wier 'ne slimme Tiet. Middlerwiel wier ick ook vierteihn Johrn, un 't käm nu ran, datt ick kunfermiert warden süll. Dorto brukte ick 'n swarten Antoch, den künn Vadder öwer nich betahlen, un so gäw he mi sienen ollen Smoking, den he ümmer bie 't Musikmaken anhatt harr. De würd beten ümbugt, de Hosen würden ümwendt, de wiern an 'n Mors von Vadders veeles Sitten up den Klavierhüker al blank schüert, an de Knei ook. Nu, 't güng so, de annern Kunfermanden sähgen ook nich beter ut as ick. Mien Scholfründ Walter Götsch, de wier noch twei Köpp grötter as ick, de keek so as 'n Adebor mit sienen langen Hals ut den Hochtietsantoch von sienen Vadder, den de ja ook nie nich miehr bruken künn, denn he wier al in de Marneslacht follen. De Paster in de Schelfkirch sprök von Vaterlandsverteidigung un von Gott un den Kaiser un dat wi unsen Kopp ook noch henhollen müßten för dat dütsche Vadderland. Wat süll he ook anners reden, 't wier woll siene Plicht, dat so to seggen. Denn kreegen wi dat Heilige Abendmahl, dat weet ick noch – de Wien wier bannig suer, un de oll Oplaat klewte ein'n an de Tung fast, un denn müßten wi nedderknein, datt de-Paster uns de Hänn'n up den Kopp leggen künn. De Paster ded mi hüt noch leed: wat müßt hei doch dor för 'n Kram vertellen, un dat Vadderunser keek em sülm dörch de Rippen; he harr ook nicks to bieten, un een'n von siene drei Sähns harrn se ook al dotschaten. Dor müßt man sick wunnern, datt he ümmer noch an sienen leiwen Gott glöwte, denn in dit Johr, as wi kunfermiert worden wiern, sähg dat man bannig leeg ut mit de dütschen Armeen, von Siegen wier nicks to seihn, un 'n halw Johr nah mien Kunfermation gäw dat in Rußland Revolution.

De Krieg dreew nu up sien Enn' to. För mi wier nah de Kunfermation de Scholtiet vörbie, öwer ick rohrte de Schol keen' Tranen nah. Vadder harr mi all Arbeit besorgt; bet Harwst hen künn ick bie 'ne Buersfru in Krebsförden as Kohjung ünnerkamen, bet sick 'ne Liehrstell in Schwerin funnen harr. Ick wull giern Stubenmaler, viellicht ook Bokbinner warden, öwer de Liehrstelln wiern knapp.

Toierst güng 't ja nu nah Krebsförden. Dat wier 'ne grote Buernwirtschaft, se harr dörtig Köh, de ick up de Wied drieben un dor häuden süll. De Buer wier in'n Krieg, un de Buersfru wirtschaft'te alleen, man se hadd twee französ'sche Gefangene kregen, de ehr helpen däden. Un nu käm ick noch dorto. De Fru wier beten wat giezig, se sporte bannig an 't Eten, ook bie de Franzosen, versteiht sick. Ick künn' ganz god mit de Musjöhs, ook wiel mien Mudder französ'sch reden künn.

Mudders käm ümmer to Wochenenn' nah Krebsförden, bröchte mi 'n frisch Hemd un wat man so bruken däd. Veel brukte ick ja nich, ick slöp in 'ne Kamer up 'n Strohsack un güng den Sommer öwer barftbeenig mit mien dörtig Köh up de Wied. De Köh makten mi nich veel Arbeit, se wüßten ehrn Stall ook allein to finnen, un dagöwer wiern se mit Fretten un Aderkaugen togäng. Ick läg in de Sünn un leet mi dat god gahn. Ick glöw, datt disse korte Tiet in Krebsförden up de Wied ünner den schönen, hohgen blaagen Hewen för mienen späteren Weg as Billermaler nich ahn Bedüdung wier. Nich, datt ick al den Infoll hadd, de Landschaft aftomalen, öwer ick freute mi doch doran. 't is ja ook 'ne schöne Gegend mit gröne Hügel un grote Wiedenböm. Wenn ick dor so up de Wied läg un de Wulken tröcken baben an den blaagen Hewen öwer mi weg un de Köh mahlten tofreeden, denn künn'n licht ook mal vergetten, dat wi jo in Kriegstieden lewten.

Öwer wenn sünnabends denn Mudders käm un wull ook mal 'n poor Eier hebben von de Buersfru, denn markte ick fix, datt dor 'ne Uhl seten harr! Se harr sülwst nicks, säd de Fru denn, un Mudders süll tofreden sien, datt se mi dörchfaudern däd, un de Franzosen würrn ehr ook all de Hoorn von den Kopp fretten, un miehr as söß Eier künn se ehr nich geben.

Na, ick wüßt ja al lang, wo de Oll ehrn Schinken hängen harr, un ick heww denn schon sorgt, datt ick nich verhungern däd. So güng de Sommer 1917 to Enn', ick müßt miene schöne Kohjungenstell upgeben un luerte nu up 'ne Liehrstell. Öwer keen Meister brukte 'n Liehrling, de Malers nich un ook nich de Bokbinners, de Lüd harrn in disse slichten Tieden keen Geld, sick ehr Stuw utmalen odder Böker inbinnen to laten, de Lüd harrn anner Sorgen. Un ick sät up de Strat. Vadder löp öwerall rüm, öwer nicks wier to maken. 't gäw so veele junge Bengels un fast keen Liehrstelln. Veele Meisters wiern ook in'n Krieg bleeben, ehr Frugens dörften nich utbillen odder harrn ehr Geschäft tomakt. Ick dreew mi rüm, hülp mal hier, mal dor, wo 't wat to helpen gäw, sät Mudder up de Tasch un wier mi sülm nich grön. Mennigmal speelte Vadder in'n Stummfilmkino, denn heww ick em dat Eten henbröcht un künn denn ook mal 'n beten Kino kieken. Dat meist' heww ick vergeten, öwer an Asta Nielsen kann ick mi noch erinnern, wo de so hoheitsvull up de olle Flimmerwand rümlöp. Un Vadder haugte dorto in de Tasten as dull. Dat künn he, dor wier he Meister! Wenn in den Film eener 'ne Trepp daltolopen harr, denn löpen ook Vadder siene Hänn' de Tasten dal, dat paßte allens genau tohop, odder wenn wat von de Leiw vörkäm un se küßten sick denn so innig af, denn wier ook Vadder sien Klavier dorbie un de Musik wier so smusig un romantisch. Nee, de brukten dor gor keinen Ton to ehrn Kino, de Musik makte dat allens ganz alleen, un de Lüd, de dor säten, de hemm'n sick freut und harrn för 'ne Stunn' den ganzen Krieg un den ganzen Schietkram vergetten.

Na, ümmer künn dat ja so mit mi nich wiedergahn, un so käm ick denn als Hilfspacker bie 'n Zigarrenmaker in de Werderstrat ünner. Dat wier 'ne bannige Schinnerie. Keener sall nu glöben, Corl Hinrichs müßt dor nu immer fiene Zigarrn in fiene Kisten leggen un mit fiene lütte Nagels tonageln – nee, so wat makte de Chef alleen. Ick müßt Holtstapels upschichten un grote Tabakballen afladen un up den Spieker schleppen un utfägen. De Tabak wier man tomeist groten Dreck, de wier woll bie Holthusen an den Bahndamm wussen, un ut so 'n Schiet makte de Kierl »Sumatra« un »Havannah« un »Echt Brazil«, so stünn dat up de Kisten. Ook dat Upgefägte würd noch verarbeit't, nicks dörft wegsmetten warden.

In disse Tiet bie den Zigarrnmaker föll dat Enn' von den Iersten Weltkrieg. Un denn de Revolution. De Soldaten kämen von de Front un ut Gefangenschaft trügg. Un in de hochfürstliche Residenzstadt Schwerin wier dat nu ut mit den Grotherzog. He müßt afdanken un ümtrecken in dat Slott Lurwigslust, öwer dat wier ja ook noch grot naug för em. De dütsche Kaiser Willem Zwo, de sett'te sick nah Holland af; se säden, he würd dor af un an Holt hacken. Ut Langewiel odder üm sienen korten Arm to trainieren?

Dat wier in'n November 1918 'n grotet Gewäuhl! Öwerall löpen Matrosen un Soldaten mit rode Armbinn'n rüm, ook veel Arbeiters ut de Fokkerwerke in Görries, de dor för den Krieg arbeiten müßten. Se harrn Arbeiter- un Soldatenrät' bild't. NIE WIEDER KRIEG! stünn öwerall anschreeben. De Hunger wier grot, de Bäckerladens würd'n stürmt un utrümt, un ook mien Zigarrndreiher wier bald utplünnert un lamentierte nu bannig rüm.

Wenn sick Offiziers blicken leeten, de noch ehr Uniformen anhadden, denn würd'n ehr oft de Epauletten afretten. Wenn nu de Arbeiterklass' sick einig west wier, denn harrn se nu 'ne sozialistische Republik upbugen künnt, so as Liebknecht dat in Berlin utraupen harr. Öwer 't fehlte an de Einigkeit. Un so künn'n sick de Swatten tosammenrotten und bald wier de Kapp-Putsch dor. Ick glöw, in disse Johrn heww ick miene iersten pullitischen Insichten krägen. Ick füng an to verstahn, datt de Rieken, de Adel, de Fabrikbesitzers un de Beamten dat giern so laten wulln, as dat vör den Krieg west wier – de Armen sülln arm un de Rieken sülln riek blieben. Un de Arbeiters, besonners de Kommunisten, de in'n März 1920 in August Wilke sienen Kraug sick 'ne eigene Partei bild't harrn, de wulln dat annersrüm. Se wulln, dat de Rieken von ehre hohgen Thrön rünnerstött't würrn un dat alle Minschen gliek sien sülln. Dat künn mi gefallen, dat lücht'te mi in. Un datt de dütschen Arbeiter den groten Generalstreik utraupen däden un Kapp un sien swattet Gesindel to Höll jogen däden – dat geföl mi besonners! Dat güng also doch, wenn se sick man einig wiern! Öwer ook in Schwerin wier Blaud flaten – föffteihn Arbeitslüd, de mit veele Kampfgenossen bie de grote Stratenschlacht gegen Lettow-Vorbeck siene Mördertruppen vör dat Schweriner Postamt dorbie wiern, würden dotschaten. An de sülwig Städ, wo de dumme Bengel Corl Hinrichs vor teihn Johrn sick den natten Nors an'n Iesenaben drögt harr, kreeg nu de hungrige Hilfspacker Corl Hinrichs Ünnerricht in Klassenkampf ... Hüt is an de Städ, wo de föffteihn ehr Leben laten müßten, 'ne schöne grote Bronzetafel anbröcht, gliek bie den Postingang.

Endlich harr Vadder dat ook schafft, mi 'ne Liehrstell to besorgen. So güng ick nu jeden Morgen Klock söß nah mienen Baukbinnermeister Haase in de Palaisstrat. Dat makte mi ook Spaß, mit Ledder un Holt un Leim rümtohantieren, wenn ick man as Stift in'n iersten Johr nich veel Böker to'n Inbinnen kreeg. 't wier ook nich veel anners as bie mienen Zigarrnkierl, ick müßt de Warkstäd utfegen, ick müßt de Abens inbeuten, de Strad fegen un de Trepp' schüern, ick müßt de sworen Packens mit Kartons mit de Schuwkorr von 'n Bahnhoff afhalen, un mien Meister, de Baptist un woll 'n gaudmäudigen Minschen wier, de säd denn: »Liehrjohrn sünd keen Herrnjohrn«, un dat stimmte ja ook. In 't tweite Liehrjohr dörft ick denn schon mal den Kliester kaken odder 'n Bok utenannernehm'n, un ick wier säker 'n ganz goden Bokbinnergesell worden, wenn nich dat Unglück bie uns inslagen harr: mien Vadder stürw.

He hett woll in sienen Leben toveel arbeit't. Wenn he in sienen Beruf Arbeit harr, denn güng he dagöwer in sien Warkstäd, un abends, denn güng 't Klavierspeelen. Entweder he speelte in 't Kino odder he speelte up 'n Danzböhn. Dat wier leeger, dor güng 't bet Middernacht un up 'n Sünnabend bet Klock twei nachts. He wier ümmer up 'n Draw. Un so käm dat denn: he würd krank un stürw. Ick weet bet hüt nich, wat dat för 'ne Krankheit west is, de Doktor schreew wat Latienschet up den Dodenschien, ick glöw, wi seggen hüt »Asthma« dorto.

Nu sät Mudder dor. Fief Kinner, ümmer hungrig, un de Ernährer dot. Unnerstützung gäw dat nich; wat kümmerte dat de börgerlichen Beamten in Schwerin, datt de Kinner von den doden Retuscheur un Musiker Hinrichs mit 'n lerrigen Magen in 't Bedd kröpen. Dat ierst wier: Corl möt ut 'n Hus. Ick wier de Öllst, wier all achteihn Johrn olt un bröcht as Liehrling teihn Mark Kostgeld in 'n Mand nah Hus. Dorvon wier ick öwer nich to ernährn. So bleew nicks wieder öwer: Corl müßt sick sülm dörchbring'n. Leed hett mi dat üm miene Liehrstell dan, öwer dor wier nicks to maken, de müßt ick upgewen, Mudders schreew an ehrn Broder Daniel Riethesel in Frankfurt am Main, he süll mi as Arbeiter in sienen »Produktenhannel« upnehm'n. De wull ierst nich, so dull güng sien Lumpenhannel ook nich, öwer denn besünn he sick doch up Familienplichten. So käm ick denn to'n iersten Mal in mien'n Leben in 'ne richtige Grotstadt. Dat wier ja nu doch wat anners as uns lütt Schwerin! Frankfurt harr öwer 'ne halw Million Inwahner; 't gäw grote Fabriken un ook 'ne starke Arbeiterschaft, ook löpen veel Utlänner dor rüm, de Stadt wier 'n groten Hannelsplatz. Ick mit mien Plattdütsch käm hier nich dörch, ick müßt hochdütsch reden, süss keeken mi de Lüd an un meenten, ick müßt woll ut Holland kamen.

Mien Unkel Riethesel wier man 'n groten Ballerkopp. He

köffte allens up, wat dat an Ollmaterjol gäw, Knaken un Lumpen, Buddels un Olliesen, Buntmetall un Ollpapier. Dat müßt sortiert warden un güng denn an de Industrie, de grote Posten ook god betahlte. De groten Posten müßt'n öwer ierst tosamenbröcht warden, un dat wier mien Upgaw. För poor Pennings köffte ick de Stratenbengels den Kram af, den se sick von de Schottplätz' halt harrn, so as wi dat as Kinner ook makten. För Daniel Riethesel wier 't 'n Geschäft. As ick veele Johrn later Heinrich Mann sienen Roman »De Ünnertan« lest heww, dor kem mi dat allens so bekannt vör, de Lumpenbarg un dat Knöpafsnieden. So as de Schriftsteller dat in sien Bok vertellt, so möt man sick dat vörstellen. Akkrat so wier dat.

Sachten güng 't nu up de Inflationstiet to, de Dollar steeg un steeg, un mien poor Mark, de Daniel Riethesel mi utbetahlte, de wiern mit de Tied ook nicks wiert. Un ick harr ook nich grote Lust, mi jeden Abend bie dat Abendeten von Danieln siene Fru vörräken to laten, wat se an mi tosett'ten ut lurer »Nächstenliebe« und »Familiensinn«.

Eens goden Dags sät ick in 'n Kraug, harr mi ook mal 'n Bier günnt un ünnerhöll mi mit 'n jungen Kierl, de wull nah Recklingshausen in'n Kohleschacht. He harr hürt, datt se dor junge kräftige Kierls bruken däden. Dat geföll mi, ick besünn mi nich lang, halte miene poor Plünnen von Daniel Riethesel af, de froh wier, datt ick von sülben güng, un führte mit den Kumpel in dat Ruhrgebiet. Nu stünn ick ganz allein dor, ahn Familie, wier knapp twintig Johrn olt un müßt seihn, wo ick bleew.

Dat drüdd Johrteihnt

Ick will dat man gliek togeben: datt mi dat ünner Dag geföl, dat künn ick nich seggen. Dat wier 'ne grote Plackerie, un ick wier ja an de meckelborgsche Frieluft wennt un nich an disse Finsternis un swatte Nacht dor ünnen in den deipen Schacht, dat mök mi Angst, dat möt ick seggen.

Midden in de Nacht, wenn noch alls düster wier, müßten wi al inführn. De Kumpels stünn'n denn in 'ne lange Reihg an un kreegen ehr Lampen, denn güng 't mit den Fahrkorw dusend Meter dal, datt dat man so in de Uhrn rauschte, un denn führten wi noch mit so 'ne Ort Stratenbahn ahn Verdeck dörch de langen Strecken bet »vör Urt«. Wi wiern ja man blots Kulis un däden nicks wieder, as de Kahlen, de de Hauer losmakt harrn, in de Hunten to smieten, mal mit 'ne Schipp, mal mit de bloten Hänn'n, as dat grad nödig wier. Un harr man een'n Hunt vullsmäten un meente, nu künnst mal eins twei Minuten dat Krüz gradmaken, denn schöwen se uns al wedder 'n niegen Hunt hen.

In de kotte Tiet, de ick dor arbeiten däd, heww ick 'n groten Respekt kregen vör dat, wat de Barglüd ehr Leben lang maken möten. Un se wiern ook ümmer in Gefohr. Ick glöw dat noch hüt, datt dat stümmt, wenn se seggen: »Ick bün Bargmann – wer is miehr?«

Dat wier ja ook dat ierste Mal, datt Corl Hinrichs dat Proletariat so nahbie kennenliern künn. De Kumpels frögen nicks nah, wat de Steiger seggen würr: de makten dat Mul up un schimpten. Se wiern pullitisch al organisiert, Gewerkschaft un SPD un KPD. An 'n iersten Mai drögen se all 'ne rode Nelk an ehr'n

Helm un keeken scheef, wenn eener keen an hadd. Oft kreegen se sick ook dat Strieden ünnereenander, de SPD-Genossen wiern för den »parlamentarischen Weg«, se wulln Dütschland öwer den Rieksdag erobern. Öwer de von de KPD wiern dor nich för. Se säden, de SPD-Lüd sülln sick doch ankieken, wat ehr »Reichspräsident« Ebert denn nu ännert harr! Nicks wier dorbie rutekamen, ut ehrn »parlamentarischen Weg«. De Rieken wiern ümmer noch de Rieken, un de Armen wiern ook ümmer noch de Armen, höchstens, datt de Rieken nu noch'n beten rieker wiern un de Armen noch'n beten ärmer. Nee, säden se, 't müßt 'ne richtige Revolution makt warden, nich wedder so'n halben Kram as Achteihn! De Konzerne un de Junkers, de müßten enteignet warden un de Arbeiter müßten dat Regiern sülwst maken, so as Thälmann, ehr Vörsitter, dat fordern däd.

Ick stellte miene Uhrn up un hürte to. Öwer miene Pullitschol ünner Dag duerte nich lang. De Inflation stünn up 't Höchst', dat Geld wier nicks wiert, un de Kahlen, de wi ut de Ierd böhrten, de smeten s' baben up Halden, 't wier keine Konjunktur, säden se. Un uns smeten s' wedder rut, se harrn kein Arbeit för uns »Ungelernte«. De Schlotbarone, de harrn ja de Kahlen, de wi för 'n Bodderbrod hochbröcht harrn, as Sicherheit up Halden to liggen. Se künnen sick dat leisten, up de Konjunktur to luern un denn ehr Kahlen to verschüern, wenn de Kahlenpriese wedder baben wiern. Öwer wi künnen uns dat nich leisten, wi müßten tokieken, wo wi afbleeben. Un so güng ick denn nah Hamborg hen.

Ick mellte mi up dat Arbeitsamt, öwer se harrn nicks. Se künnen mi öwer 'n Tip geben, as se säden. In dat Düwelsmuur bie Bremen gäw dat 'ne grote Torfstekerie, dor süll ick man hengahn, dor brukten s' Lüd. Se gäben mi ook noch Geld för de Fohrkort Veerter Klass'. Öwer ick dacht mi, ick künn ja ook to Fot nah Bremen hengahn un mi denn för dat Fohrgeld leiwer wat to eten köpen. Un so makte ick dat ook un löp denn furts up Bremen to. Up de Landstrat wier man nie nich allein. 't wiern ümmer weck ünnerwegens, Tippelbröder un Arbeitslose, so as ick. Mit de Tippelbröder heww ick mi nie nich inlaten, de wiern afretten un al up den Müllhümpel smetten. Un se wohrten sick ook nich miehr, se harrn dat upgeben un ook ehr Sülwstachtung harrn se mit upgeben, se waschten sick nich miehr, se leeten sick den Bort stahn, se beddelten, un wenn se wat kreegen, denn versöpen s' dat.

Ick harr ja ook nicks, öwer ick höll mi ümmer sauber, rasierte mi mit mien'n stumpen Metz, wat ick von mienen Vadder arwt harr, un waschte miene Plünnen ut. Hier un dor hülp ick 'n Dag bie 'n Buern in een von de veelen Dörper, üm mi 'n Slapplatz in 'ne Schün odder 'n Kanten Brod to verdeinen. So wier ick denn ook al bet kort vör Bremen henkamen, as ick up Zigeuners dreep, »Taters«, as se dormols in Meckelborg säden. De harrn 'n Karussell, twee Pierd un 'ne Zeeg un 'n beten Takeltüg van Apen un Papageien un so. Un 't wier ook 'n swattet, scheunet Mäken dorbie, so 'ne schiere glatte Diern mit brune Oogen un brune Hut, de keek mi so von ünner de Oogendeckels an, as wull se seggen: du geföllst mi woll. Dat güng mi aalglatt dal, dat kann ein'n sick woll vörstelln. De Prinzipal frög mi, ob ick för twee Dag gegen Äten un Lohn helpen wull, dat lütt Ringelspill uptobugen un denn ook wedder aftobugen. Ick säd gliek ja un dacht bi mi: so kümmst du liekers an de Diern. Na, dat süll mi begriesmuln. An den tweiten Tag bugten wi nu mit twei Mann dat Karussell af, un dat Mäken sät up de Trepp von so'n lütten Taterwagen un smet mi 'ne Kußhand to. Ick nich ful, smet wedder een trüch un malte mi al wat ut. Eene Nacht harr ick ja noch Tiet; annern Morgen wull de Prinzipal mi utbetahln.

Ick harr nu eben den letzten Plock ut de Ierd retten un up den Wagen smetten, dor käm de Prinzipal ut sienen Wahnwagen rut, stellte sick vör mi hen un grep mi bie den Kragen. He säd, he harr seihn, dat ick mit sien Dochder wat anfung'n harr, un he würr mi de Kähl dörchsnieden, wenn ick nich standepeed ut siene Oogen verswinn'n würr. Un dorto spälte he mit sien'n Klappmetz. Un achter em stünn'n de beiden Sähns, de Bröder von dat Mäken, breide Kraschkierls mit swatte Hoor, ook ünner de Näsen, un spälten mit ehr Muskeln, un up de Trepp von den Taterwagen sät dat Mäken un lachte. Dor wier mi allens klor, un mit ein'n letzten schüchtern'n Maut frög ick nah mienen Lohn. De Prinzipal füng scheef an to grienen, un de beiden Bengels achter em nähm'n de Hänn'n ut de Taschen. Un as nu de Chef ook noch de blanke Kling ut sien Metz klappen leet, dor wüßt ick, wat de Klock slagen harr. Ick dreihte mi üm un güng weg, un dat Mäken ehr Lachen klüng mi nah, as würr mi eener mit Pierdappels besmieten.

Na, eens goden Dags käm ick denn ja ook in dat Mur bie Bremen an. De Torfstich läg dicht bie dat Murdörp Worpswede. Dat wier ja 'ne bekannte Malerkolonie, öwer dorvon wüßt ick nicks. Grote Maler wie Paula Modersohn-Becker un Heinrich Vogeler harrn dat Dörp berühmt makt, öwer ick käm ja nich wegen de Malerie nah Worpswede, ick käm wegen den Torf, dissen natten Schiet, den wi för 'n schietigen Lohn utbuddelten un up Hümpels smeten. 't wier 'ne grote Plackerie. De olle swore Torfspaden schüerte de Hänn'n up, ünnen säten wi bet to de Knei in dat stinkige un brackige Wader, un haben sett'ten einen de Mücken tau, de dor so grot wiern as in Meckelborg de Meßkäwer. Öwer kein ein beklagte sick – se wiern all tofreeden, datt se Arbeit harrn un poor Pennings verdeinen künn'n.

Dor in dat Mur bie dat Torfsteken fünn ick ein'n goden Fründ, mit den ick veel tosamen erlewt heww. Ick kann mi hüt noch god an em erinnern, he wier 'n Landsmann ut Rostock, twee Köpp grötter as ick, teihn Johr öller as ick, Maler von Beruf, 'n grot Mul an'n Hals un 'n godet Hart in de Bost: Ede Wulff hett he heeten. Wi säten nu jeden Abend tosamen un öwerlegten, wo wi to 'ne betere Arbeit kamen künn'n. Ede harr mal in Hamborg bie Blohm & Voß Schepen anstreken, un dat wull hei wedder versöken. Up so 'ne grote Warft, wo so veele Minschen arbeiten däden, meente Ede, dor smieten s' ümmer weck rut un stellten ook ümmer wedder weck an.

Hamborg! Dat klüng god in miene Uhrn, un in dat olle Meckelborg wier Hamborg al ümmer so 'ne Ort Zauberwurt west. Wenn eener öwer den Harz güng, denn güng he nah Hamborg hen; un wenn eener mal eins sick amüsiern wull, denn führte he nah Hamborg, un ick harr ja ook al 'n lütten Zippel von Hamborg seihn. Ede wier 'n erfahrnen »Hamborger«, he meente, wie brukten bie 't Arbeitsamt gor nich ierst hentogahn, de würrn uns wedder in 't Mur schicken. Öwer wi harrn kein Fiduz nich, uns von de Worpsweder Mücken un Pierdbremsen upfreten to laten un för so 'n swienplietschen Murpächter de Goldstücken uttobuddeln un sülwst mit Pennings afspiest to warden. So smeten wi denn to den nächsten Lohndag den Torfspaden hen, nähmen uns poor Plünn'n up den Ast un marschierten wedder trüch, ostwarts, nah Hamborg to. Nu wüßten wi ook, worüm de dor in dat Mur ümmer Lüd bruken däden. Ünnerwegens keeken wi uns ümmer nah Gelegenheitsarbeiten üm, wi teerten bie 'n Buern dat Stalldack, denn Ede harr to em seggt, wi wiern beid' arbeitslose Dackdeckers, bie den nächsten Buern malten wi de Stuw ut, un bie den drüdden sett'ten wi de Kachelabens üm. Ede wier Fachmann för allens, un he künn dat ook all as so'n Fachmann. Kort un god: wi kämen ja denn ook nah Hamborg hen un stüerten furts de Warft von Blohm & Voß an. Ede kennte sick dor öwerall ut un wüßt ook dat Personalbüro to finnen. Ick glöw, he kennte gor den dicken Hüerbaas, de dor achter so 'ne Barrier' sitten däd un de Lüd utsöchte, de se gror bruken künnen. Wi harrn Glück: hüt brukten se Schepenmalers. Se harrn 'n groten, dicken Damper up Dock to liggen, de müßt nieg anstreken warden. Un fix müßt dat gahn, as de Hüerbaas säd, süs würd sick de Kaptein 'ne anner Warft söken, de dat fixer maken künn. För veer Weken wiern wi nu in Arbeit un Lohn.

Datt Schepen grot sünd, dat harr Corl Hinrichs sick woll dacht, öwer datt se so grot sünd, dat harr he sick nie nich in'n Drom vörstellt. Wi bammelten an twee Tampen de Schepswand baben dal, säten up 'n small Brett, 'n Stropp üm den Liew knütt't, datt wi nich runnerfölln, 'n Emmer mit Farw dorbie un 'n dicken Quast von Pinsel. Baben an Deck stünn de Meister. Harr man nu 'n Stück Wand mit de swatte Farw anstreken, so wiet, as man langen künn, denn bölkte man nah baben: »Hiev up!« odder »Lat nah!«, un denn fierte de Meister den Maler 'n Enn' wieder, bet de »Stop!« reep. Dat wier de ganze Ünnerhollung, de man dorbie harr. Dorto hulte de Wind, datt dat man so ruschte. 't wier 'n dull Geschäft. Öwer se betahlten dat ganz anstännig. Sünndag gäw dat nich; 't würd dörchmakt, bet de Kahn fardig wier. Un wiel se kein'n niegen Updrag harrn, säten wi denn wedder up de Strat. Ede hürte sick üm, un wenn he in den Haben wat hürte, datt bie Blohm & Voß wedder 'n dicken Damper up Dock güng, denn nicks as hen. De Meister mücht uns ganz giern lieden, em geföll dat, datt wi uns nah de Arbeit reten un dat mennigmal bienah fixer wüßten as hei, datt 'n Damper up Dock käm. »Meckelborger nehm ick giern!« säd he to den dicken Hüerbaas in dat Personalbüro, un so käm dat, datt wi so bie lütten so 'ne Ort von Abonnement bie em kreegen. Dat wir ümmer noch beter, maleens veer Weken Arbeit un denn wedder veer Weken nicks, as ganz un gor von de Unnerstützung to leben. Mien Arbeitsbook wier al ganz bunt von de veelen Stempels dorin. Wenn bie Blohm & Voß nicks to daun wier, müßten wi uns nah wat anners ümkieken. Ick künn ja ganz god teiknen, un so keek ick mi up den Rummelplatz up Sankt Pauli de Kunst von ein'n Sillwettensnieder af. »Kiek mal, Corl!« säd Ede to mi, »dat künnst du doch ook, un ick glöw, du künnst dat woll beter as de Kierl!« Ick köfft' mi nu 'ne Nagelschier, snurrte mi bie 'n Fotografen dat swatte Papier, wo de Platten inwickelt wiern un wat de süss woll wegsmieten däden, un denn öwte ick dat Sillwettensnieden. Ierst nähm ick mi Ede vör, de harr ja ook 'n scheunen markanten Kopp mit 'ne dicke Näs. Toierst öwte ick dat mit 'ne Lamp un mit den Schatten an de Wand, un denn güng ick to dat friehännige Snieden öwer, un toletzt brukt' Ede gor nich miehr stilltositten, ick künn dat al in'n Loopen. Ede staunte. »Minsch, Corl«, säd he, »du büst ja 'n Künstler!« Dor wier ick bannig stolt. Endlich künn ick ook wat, wat Ede nich künn, un ick steeg in siene Achtung. Ick pröwte dat nu ook mit 'n Bliesticken, un dat güng ook ganz god: de Lüd, de ick afmalte, de kennten sick wedder.

So käm ick up de Rummelplätz un sammelte dor miene iersten »künstlerischen Erfahrungen«. Besonners scheun wier dat in dat olle Hippodrom up Sankt Pauli. Dor löpen so 'n poor olle Wallachs ümmer rund rüm, de harrn al 'n Drehworm. För 'n Gröschen künn man dor up rieden, wenn man dat wull. Ook 'n Äsel harrn se dor, up den künn man ook rieden, dat heit, wer 'ne Minut' baben bleew, de süll teihn Mark kriegen. Oha! Teihn Mark wier veel Geld, un 'ne Minut' is ja man 'ne kotte Tiet. So dachten woll de Janmaaten, wenn se up dat Spill ingingen. Man blot: dat schaffte keiner. Dat oll Diert güng ierst ganz fram in de Manege rüm, de Matros' odder wat dat ook ümmer för'n Kannedat wier, de freute sick al up de teihn Mark, siene Frünn' füng'n al an to jubeln, un denn, kort eh de Tiet afloopen wier, makte de Äsel 'n Satz, un de Kierl föll runner. Ick teiknete denn fix odder sned 'ne Sillwett, up de Jan Maat up den Äsel antokieken wier as Don Alfonso to Pierd. Dat geföll de Jungs, un se gäben mi giern wat för miene Kunstwarke odder se spendierten 'n Beer odder 'n Sluck. Mit dat Beer müßt man sick nich to dicht an de Manege wagen. De Pierd harrn ümmer groten Döst, se kreegen ja ook ümmer dat Lickbeer von den Tresen in'n Emmer vörsett't. Öwer se müchten woll ook giern mal 'n frischen un beteren Sluck. Wenn dor nu einer an 'n Disch sät, dicht bie de Bande, wo de Pierd rümloopen däden, un he harr 'n Literpott odder 'ne Stamp' vör sick stahn un müßt mal kort up dat Klo, denn künn dat passeern, he käm wedder trüch, un sien Beer wier utsapen. Dat Pierd bleew stahn, hüng den trurigen Kopp öwer den Disch, makte Schluff! un de Pott wier lerrig.

So käm ick denn ganz god torecht. Ick makte allens up den Rummel: ick dreihte dat Kinnerkarussell, ick hülp bie den Kädenfleiger, in de Geisterbahn hulte ick as een Dodenvagel, un bie de Dam' »ahn Ünnerliew« spälte ick Klavier. Dorto harr ick woll 'n Naturtalent, dat harr ick von mienen Vadder arwt. Ick harr ja nie in mien'n Leben Ünnerricht hadd. Öwer ick sett'te mi an 't Klavier un künn spälen. Mak eener wat.

De gröttst' Attraktion up den Rummel in Hamborg – dat wier »Hamborg bie Nacht«. Dat wier de scheunste Dummenfang, den man sick utdenken künn. Dat wier so:

An den Rand von de grote Wisch, wo all de Buden un Ringelspill' un Telten upbugt wiern, stünn 'n fienes, grotes Telt mit 'n bombastischen Ingang. Up dat Podest stünn 'n Utroper odder Anrieter, as man dat nennt, de bölkte sick dor de Lung' ut den Hals. He wier 'n groten Kierl, boomstark, mit tätowierte

Ünnerarms un so 'n Matrosenblus' mit witte un rode Striepen, un up den Kopp harr he 'ne Bommelmütz.

»Kamen Se ran, kamen Se rin, miene Herrschaften, hier könn' Se Hamborg bie Nacht erleben, Original-Nacht-Attraktion, besonders für die Herren Männer! Ob Se nu ut Berlin sünd odder ut Sachsen odder ut Bayern – dat möten Se sick ankieken. Hamborg bie Nacht! Dat Erlewnis för dat ganze Leben! Immer rin, noch sünd Plätz' frie! Un dat kost' nich fief Gröschen, dat kost' nich veer Gröschen, dat kost' nich dree Gröschen, nee, dat kost' man ganze twintig Penning! Hamborg bie Nacht för twei Gröschen! Dat ganze Vergnäugen för lumpige twintig Penning! Hamborg bie Nacht!« Na, so bölkte de Kierl de Lüd ran, un ick müßt afkassiern. Wier denn allens vull, müßt ick sofort, standepeed, up de Stell, so harr mi de Inhaber dat inschärft, mi dat Geld an dat anner Enn'n von den Rummelplatz henloopen, wo sien Wohnwagen stünn. Dor töwte schon sien Fru up mi. Dat wier 'ne ganz Plietsche, so 'n Riesenwief, so 'n Brocken von Fru, de harr Poten as 'n Groffsmitt un 'n Bussen an'n Lief as twei von de gröttsten Körbsen in den Gorden bie de Buersfru in Krebsförden. De knöppte mi dat Geld af, tellte nah un keek sick de Rull mit de Intrittskorten an, ob ick ook nich wat bisiet bröcht harr. Dat wull ick leiwer nich daun; de Fru harr mi furts öwer ehr stramm Knei leggt, un dat wull ick nu leiwer nich. Se markte ook bald, datt ick iehrlich afräkente, un dat makte sick betahlt – se »erhöhte mein Einkommen« von teihn up föffteihn Perzent. Un dat wiern up een Vörstellung immerhin so bie twee Mark. – Den iersten Abend heww ick mi ja noch wunnert, wat dat süll mit dat Geldafliefern. Ick wull doch ook giern mal eins de Vörstellung ankieken. Na, dat kreeg ick denn furts mit. Wenn ick mit dat Geld weg wier, denn güng Fiete (so hett de Matrosenkierl heiten) rin, stellte sick vör dat Publikum, grep nah dat Vörhangseil un reep: »Un nu, miene verehrten Herrschaften, passen Se Achtung! Haaamborg bie Nacht!«, un denn tröck he den Vörhang mit 'n Wupp up, un achter den Vörhang wier – na? Klor: nicks. 't wier blot de kaputtige Tun von de Rummelwisch, 'n poor kladdrige lütte Böm, ne floekrige Gaslatücht und, wenn 't so paßte, de Mand an den unschülligen Hamborger Hewen. »Hamborg bie Nacht«. De Baud' wier ohne Rückwand!

Na, mennig Lüd harrn Humor un lachten sick halfdot, datt se so rinleggt wiern. Anner, de sick öwer de twei Gröschen argerten, de reepen luthals nah den Kassierer, öwer de wier »all to Bank gahn«, as Fiete dat säd. »In twei Stunn'n is de nächste Vörstellung. Se könn'n ja up em töwen un sick denn de twei Gröschen weddergeben laten!« Dat makte öwer ook keiner, sick dor twei Stunnen vör de olle Baud' rümtodrücken för de lumpigen twintig Pennig. Ja, so wier dat mit »Hamborg bie Nacht«.

Wenn mi dat liekers up den Rummelplatz för korte Tiet ganz god güng, so wier't doch man nicks up Duer. Ick wull ja mien Leben nich up Rummelplätz tobringen. Dormit will ick nicks seggen gegen de Schaustellers un all de Lüd, de dor ehr Brod verdeinen däden, all de »Entfesselungskünstler« un »Preisboxer« un »Schnellzeichner« un »Zauberer«, de Dam' ahn Ünnerlief un de Zuckerwattenmaker un wat dat dor noch so för Gewerw gäw. Dat wiern up ehr Ort anständige un flietige Lüd, un se makten de annern Minschen beten Vergnäugen, datt de mal för 'n poor Stunn'n ehrn ganzen däglichen Kram vergetten künn'n. Trotzdem wier mi dat leiwer west, wenn ick 'ne faste Anstellung kreegen harr, as Anstrieker odder gor as Maler, un künn womäglich noch mienen Gesellenbreif maken un mi 'ne lütte Stuw anmeeden, wo ick för mi alleen wier. So wiern wi ja ümmer up Slapstäden anwiest, un dat wier doch nicks.

't käm ja ook vör, dat wi gor kein Ünnerkunft harrn un in 't »Pik As« slapen müßten. Dat wier dat gröttst Obdachlosenasyl in Hamborg. Abends, wenn 't buten düster würd, denn makten s' up, un morgens, wenn dat Dag würd, smeeten s' de Lüd werrer rut. 't gäw Wadersupp un »Kaffee«, wat öwer man blots Gastenplürr' wier. In den »Slapsaal« stünnen keine Bedden, dor wiern lange höltene Bänk' quer dörch den Saal, un för den Kopp wier vör jede Bank 'n langet, dicket Tau spannt. De Lüd sett'ten sick up so 'ne Bank un leggten den Kopp un de Armen up dat Seil. Man müßt öwer grad sitten un sick nich so breed maken, süss künn de Nebenmann nich slapen. Un man dörft ook nich toveel rümrangelieren, denn wackelte dat oll Seil, un de annern wakten up un meuterten. Morgens käm denn de Upseiher un hakte eenfach dat ein Enn' von dat Seil los – rums, flögen de Lüd von de Bank –, so eenfach wier dat Wecken in't »Pik As«. Man god, dat ick dat nich alltooft mitmaken müßt. Toveel Elend gäw dat dor to seihn. Afretten' Kierls, de siet Johrn in kein Bedd miehr slapen harrn, mit Lumpen an'n Lief, utmergelte Gestalten, de ook keene Hoffnung un keen'n Willen miehr harrn. Se wiern de »Abfall« von de Grotstadt un von de Gesellschaft. Veele güngen beddeln. Up Sankt Pauli taun Bispill wier 'n ollen Geiger, de wier al half blind, un geigen künn he ook nich recht, dat wier blot so 'n Gequietsch, wat de mit sienen Bagen up de Fiedel maken däd. De harr ümmer 'ne lütte Bleckbüß vör sick up dat Stratenplaster henstellt, un dor smeeten de Lüd selten wat rin, un wenn, denn man ook Pennings. Öwer as dat so is in'n Leben: mennigmal giwt dat woll doch noch Wunner. So güng dat ook den ollen Geiger. Dat hürt sick nu an as 'n Märken, öwer 't is würklich so west.

Eens goden Dags, he quietschte wedder so erbärmlich up sien Insterment un harr woll den ganzen Dag man twintig Penning verdeint, dor bleew an den Bordsteen 'n Auto stahn. Een fiener Herr mit 'ne Melon' up den Kopp un'n Biberpelzkragen up sienen Ulster steeg ut, keek sick den Geiger 'ne Wiel an, schürrte denn mit den Kopp un nähm em ierst de Geig un denn den Bagen weg. De olle Geiger wier so verdattert, de säd keen Wurt. Nu nähm de Herr sienen Haut von 'n Kopp un läd em grad neben de Bleckbüß von den Ollen. Denn stimmte he de Geig. Poor Lüd harrn sick al ansammelt. Toletzt sett'te de Herr de Geig an un spälte dat »Ave Maria« so virtuos un mit Swung, dat nu ümmer miehr Lüd stahn bleewen un dat Geld man bloß so in de Melon' rinflög. De Oll sät dorbie un makte dat Mul gor nich miehr to. As de fiene Haut nu vull wier mit Geld, sett'te de Mann mit den Pelzkragen de Geig werrer af, gäw se den Ollen trüch, schürrte dat Geld ut sienen Haut in de Bleckbüß von den Ollen, steeg in sien Auto un führte weg. Seggt harr he de ganze Tiet kein Wurt. Ut so'ne romantischen Geschichten makten sick de Lütten Lüd up Sankt Pauli veel. Dat wiern ehr Legenden, von de se sick nich naug vertellen künn'n. 't wier ja ook kein Wunner, de Würklichkeit wier ruhg naug, un in de ruhgen Tieden warden ümmer de scheunsten Märken erfunn'n. In dissen Fall nu säden de Lüd, de Herr, de so fien geigen künn, wier 'n berühmten utländ'schen Geigenvirtuos', de bie den Anblick von den ollen verkamen Geiger sien eigen Taukunft vör Oogen seihn harr. Anner säden, he wier sülm ut ganz ärmliche Verhältnissen kamen, un nu wier em dat werrer infolln, wo he herkamen wier.

Uns' Stammlokal wier in disse Tiet 'ne lütte Kneip' in de Seilerstrat, dicht bie den Fischmark. De Chef hett Louis heeten, un sien Fru, de dat Seggen harr, de nömten se »Tante Emmi«. Dat wier 'ne resolute, öwer godmäudige Fru. Wenn wi Geld harrn, betahlten wi, un wenn wi keen Geld harrn, denn arbeit'ten wi dat Eten un dat Drinken af, wi halten ehr den Fisch un ook dat Fleesch ran, wi müßten ook mal Beer ansteken odder nah Fierabend dat Lokal reinmaken. »Tante Emmi« leet uns nich verhungern. Wier middags Soß öwerbleeben un ook noch 'ne Schöttel Tüffeln, dat kreegen wi denn. »Tante Emmi« heww ick viertig Johrn later wedderdrapen, öwer dorvon will ick denn vertelln, wenn dat sowiet is.

Hen un werrer harr ick denn ook mal 'ne Fründin, öwer dat wier man ümmer 'ne korte Geschicht. Ick harr ja keen Geld, un wat sall ein' anfangen mit 'n Mäken un denn keene Penunzen in de Tasch? Eenmal, as ick 'n lütt beten beter bie Kass wier, lad'te ick mi 'ne Diern, de mi al lang in de Oogen stek, up'n Glas Wien in een Lokal in. Wi güngen nu rin, un ick wunnerte mi al, datt de Kellner de Diern so komisch ankieken däd, as wull he seggen: Na, büst ook mal wedder dor? 't duerte nich lang, stünn se up un güng up eenen Minschen to, de an de Bor stünn in groten Wichs, mit 'n breedkrempigen Haut up den Kopp, un Whisky drinken däd. He wier 'n Amerikaner, säd se, se würd em kennen un wull em blots man kort Goden Dag seggen, un ick süll man up ehr Tasch uppassen. Ick wull jo nu giern weiten, wo se heiten däd un wo se wahnte, un dacht bie mi, kiek man fix in de Tasch, dor hett se viellicht 'n Utwies odder so wat in. As ick de Tasch upmakte, kreeg ick 'n bannigen Schreck: 't wiern lurer Dollars in, 'n ganzet Bündel, un ook noch anner Geld. Dor wüßt ick Dämelack, an wat ick dor geraden wier. De löt sick mit miene poor Kröten ehrn Wien betahlen und güng ünnerdes an de Bor, üm ehre Geschäften to besorgen. Se wier wieder nicks as een von de flöckrigen Dierns, 'ne »Prostituierte«, as dat amtsdütsch heeten däd. Dat harr ick ehr öwer nich anseihn künnt. Na, nu wüßt ick Bescheed. Ick läd miene twei Mark för den suern Wien up den Disch un makte, dat ick wegkäm. Ich glöwte, de Polizei würr mi för ehrn Tauhöller, ehrn »Louis« hollen un mi bie den Kanthaken kriegen, wenn se mi mit ehr andrep. Nee, mit de Polizei wull ick nicks to don hebben, dor harr ick miene Erfohrungen makt, un de wiern nich de besten.

Eenmal allerdings, as mi dat bannig dreckig güng, heww ick bie de Polizei up de Jakobswach' 'n scheunen gemütlichen Abend verlewt. Ick harr wedder mal keen Slapstäd, in 't »Pik As« leeten s' mi nich miehr rin, ick wier to lat dor. 't wier öwer 'n warmen Abend, un ick güng in so 'n lütten Park un leggte mi dor up 'ne Bank. Ick wier grad so scheun bie dat Innusseln, dor käm de Polizei un jogte mi wedder hoch. As se weg wiern, leggt ick mi wedder hen, un so güng dat ein, twei, drei Mal, denn harrn s' dat Mul vull un nähmen mi mit.

Up de Wach' wiern drei Mann, de dor Deinst makten. Se sett'ten mi in de Wachzell', öwer leeten de Dör open stahn. Se harrn woll nich veel to dauhn un füngen an Korten to spälen. Nah 'ne Wiel lürrte dat Telefon, un de ein müßt weg. De annern beiden schimpten nu un multen rüm. Sie wiern doch grad so scheun bie dat Skatspälen.

»Frog doch mal den Inhaftierten, ob he ook spälen kann!« säd de ein von de beiden, un de anner dreihte sick nu to mi üm un reep in de Zell: »Kannst du Skat spälen?«

»'n Meckelbörger kann ümmer Skat spälen!« anterte ick.

»Wat?« frög de ierste, »Meckelbörger büst du? Wunäf denn?« Datt he »wunäf« säd, dat wieste mi nu, dat he ook 'n Meckelbörger sien müßt, denn »wunäf« – dat giwt dat blot in Mekkelborg, dat seggt keen Hamborger.

»Ut Swerin!« säd ick un käm ut de Zell rut.

»Kiek an!« säd de Landsmann. »Sett di man hen, dor up der

Stauhl!« Un he wieste mit den Finger up den Stauhl von den drüdden Polizisten, den se afropen hadden. »Kannst em ja vertreden!« – »Ick heww doch gor kein Geld nich!« säd ick un kiehrte miene lerrigen Bücksentaschen üm.

»Dat makt rein gor nicks«, säd he. »Wat du verlierst, dat scheiten wi di vör, un wat du gewinnst, dat giwwst nahst werrer trüch. Un he betahlt de Differenz odder kriggt den Öwerschuß. Klor?«

Na, nu güng 't denn los. Wi spälten üm 'n halwen Penning, dat wier kein'n billigen Skat. Doch dat wohrte nich lang, un ick harr 'n schönen Hümpel gewunnen. 't wiern woll fief Mark. Mittlerwiel wier't ook buten sachten hell. Taun Slapen wier ick nu so un so nich kamen, up de Parkbank nich un nich in de scheune warme Polizeizell' up de Jakobswach'. De beiden Skatspäler harrn mi Kaffee geben, un de Meckelbörger Landsmann gäw mi von sien Klappstulln wat af – 't wier so ünnern Strich gor nich so slicht. Dat Best öwer käm noch. De Landsmann, de woll dat Seggen harr in disse Wachgäng, de schöw mi mienen ganzen Gewinn öwer den Disch to. »Steck dat man in, Landsmann, un denn seil di af!« säd he. Ick keek em woll an as'n Kalw, denn he füng an to lachen. »Wenn de Wachtmeester Meier trüchkümmt, büst du al weg. Un wi seggen em, du hest de fief Mark nich gewunnen, nee, verlurn. Un wiel du em blots vertreden hest, möt hei uns de fief Mark ja weddergeben. Klor?«

Klor wier mi dat klor. Ick stünn up, nähm miene Mütz, strek mi dat Geld in de Tasch un wull ut de Dör. Öwer de Meckelbörger leet mi noch nich gahn. He gäw mi de Hand und säd: »Gah man leiwer trüch nah Swerin. Dor kann dat ook nich leeger sien as hier in Hamborg. Un wenn du eens nah dat olle Wismer kümmst, den segg man 'n schönen Gruß von mi, dor bün ick to Hus!« Nee, so 'n anstännigen Polizisten heww ick lang nich wedder drapen, he müßt woll 'ne Utnahm sien. Na ja, he wier ja ook ut Meckelnborg.

Dat Kartenspälen harr ick von Ede Wulff so god liehrt. He wier dor 'n Meister in. Wenn wi mal Geld brukten, denn güngen wi in so 'n Lokal bie den Bahnhoff, wo veele Lüd von'n

Lann' verkiehrten, ook Buern ut Holstein odder de Veerlanden odder ook ut Meckelnborg, de mal kort nah Hamborg rinführten, üm wat intoköpen odder üm süss wat to besorgen. Dat wiern biedere Lüd, de truhgten sick gor nich nah Sankt Pauli, för de wier dat schon 'n grot' Erlewnis, nah ehr Besorgungen noch up 'n Beer un 'n Sluck in so 'ne Lokale to gahn, de man eben noch as 'n beten iehrbar güllen. Ede makte sick denn an so een' Disch ran, wo so twei Buern tosamen säten un ehrn Sluck drinken däden un ehr Zigarrn smökten, de sick de Tiet afkört'ten, bet ehr Toch wedder afführn däd. Ede wier ja 'n gewandten Minschen, he künn bannig höflich uptreden, un wenn he dat Mul upmakte, denn duerte dat nich lang, un de Buern hölen em för 'n anstännigen Minschen. Dat wier he ja ook. Öwer de Buern, de harrn Geld in de Tasch, un wi nich, un Ede meente, dat wier doch nicks Uniehrenhaftes, wenn wi de Buern von ehr Geld beten wat afluchsen.

He säd denn also höflich »Goden Dag«, sett'te sick dal un keek ümmer nah de Dör un up siene goldene Taschenklock. Up de wier he stolt, de harr he von sienen Vadder arwt. Un wenn dat em noch so slicht güng, un wenn he Dreck freten müßt: von de Klock trennte Ede sick nich.

Wenn he denn so up de Dör un up de Klock schulte, denn süfzte he so trurig, bet ein von de Buern em frög: »Se töben woll up wen?«

»Jaaa, miene Herrn«, säd Ede, »wie spälen hier ümmer üm disse Tiet 'n lütten Skat, so nah Fierabend, öwer miene Mitspälers hebben sick hüt woll verhinnern laten ...« Un dat müßt mit den Düwel togahn, wenn nich ein' von de Buern säd: »Wi hebben jo Tiet, uns Toch führt jo ierst in twei Stunn'n, denn künn'n wi doch mit Se spälen!«

»Ja, giern!« säd Ede. »Wenn Se mögen?« Un denn füngen se an. Ick töwte buten vör dat Lokal solang, bet ick meente, Ede wier nu sowiet. Denn güng ick rin un keek mi üm: richtig, Ede harr twee Kannedaten funn'n. Ick leet mi nu an den Tresen 'n Beer geben un stellte mi an ein'n von de Stehdische, de se dor an de Wand lang harrn un wo ümmer weck stünn'n un drünken un rookten odder 'n suern Hiering eten un sick ünnerhölln. Dat föl gor nich up. Ick stünn denn so, datt ick de beiden Buern von achtern in de Korten kieken un Ede in 't Gesicht seihn künn. Hadd ick nu mien Glas in de linke Hand, denn wüßte Ede: aha, de Jungs sitten tosamen. Rechte Hand: de Jungs sünd verdeilt. Eene Hand in de Tasch: Vörsicht! Anner Hand in de Tasch: Alles klor! Un so gäw dat so Teiken, de wi uns utmakt harrn. Klor, datt wi so däden, as kennten wi uns nich. Un Ede wier ja 'n plietschen Jung, wenn he so nah un nah ein, twei Mark kassiert harr, denn »verrasselte« he ook mal werrer 'n Späl, mit Afsicht, versteiht sick, un de Buern kreegen werrer beten Oberwater un markten dat gor nich, dat se afkassiert würden. Na, un denn käm ja ook de Tiet, datt se losmüßten, ehr Toch töwte ja nich. Un wi säden uns: de hebben wi nich arm makt, un se hebben uns nich riek makt, öwer dat Abendeten is hüt sicher. Wat süll ein'n maken in disse Tiet ...

Ede wier 'n Kumpel, as dat keenen tweiten giwt. Eenmal käm he un frög mi, ob ick em helpen wull, he harr 'ne olle Dam' kennenliehrt, bi de wi de Wahnung malern sülln. Na, wi makten dat. 't wier 'ne gode Arbeit, grote Stuben, grote Finstern. De Finstern güng'n nah 't Fleet rut, un bie dat Fröhstück fäud'ten wi de Möwen, de as dull vör dat Finster rümsusten. Se kämen so dicht an dat Finster ran in ehr Gier, dat wi uns een so 'n Diert griepen künn'n. Dat Veih krietschte un slög mit de Flüchten as sühst mi woll un hackte mit sienen Snawel – 't hülp em öwer nich. Ede höll de Möw fast, un ick malte ehr mit Leimfarw an, ganz bunt, den Hals rot, de Flüchten geel, den Buk blaag un den Steert gräun. Un denn leeten wi ehr wedder frie. Toierst bleww dat Diert up dat Gelänner von den Fleet sitten un bekeek sick von alle Sieden. Dat sähg öwer ook wat snurrig ut. Denn flög se 'n Enn' wieder un sett'te sick mang de annern Möwen, de dor up den lütten Platz nah wat to Fretten söchten. De Lüd bleewen stahn un wiesten mit den Finger. Se wunnerten sick woll öwer den snurrigen Vagel. Wi künn'n dat ut unsern Finster öwer den Fleet all god mitkriegen. »Das ist wohl ein Papagei, der von zu Hause ausgerissen ist!« meinte eene Dam' mit 'n Fedderhaut. »Nee, dat's so'n nurwegschen Strandvagel, de nah Afrika ünnerwegens is un sien Fell noch nich wesselt hett!« säd een oller Mann un makte ’n bedüdent Gesicht.» Den heww ick hier al poormal seihn!«

Na, un so wunnerten sick de Lüd, ’t würden immer miehr, ’n richtigen lütten Uploop gäw dat, bet toletzt ’n Polizist käm un de Lüd utenannerdreew.

Den nächsten Dag füng dat an to regn’n, un Ede meinte, nu güng de Farw woll wedder af, ’t wier ja man blot beten leimte Waterfarw. Den bunten Vagel hebben wi nich wedder seihn.

Nah den Job bie de alte Dam’ hebben wi denn partout keen Arbeit miehr kreegen. So sünd wi beid’ denn, Ede Wulff un ick, nah Schwerin trüchführt. Dor gäw dat ebensoveel Möwen as in Hamborg un ebensowenig Arbeit. Un wenn ick up miene Fohrten un Wannerungen ook veel erlewt un liehrt harr, so bleew ick doch ümmer noch, wat ick wier: de ungeliehrnte Arbeiter Corl Hinrichs.

Dat veert Johrteihnt

Miene nächsten teihn – odder üm dat genau to seggen – twölf Johrn wiern de leegsten nich blot in mien'n Leben, se wiern woll de leegsten in de dütsch Geschicht' un för dat dütsche Volk. Öwer ick bruk jug keenen Ünnerricht in dütsche Geschicht' gewen, ji weet' dat allens ebensogod as ick. Kort un god: de Brunen kämen an 't Roder, de grotmulige Kierl mit de lütte Rotzbrems' ünner de Näs' ret nu de Macht an sick. In Schwerin wier dat de »Reichsstatthalter un Gauleiter« Friedrich Hildebrandt, de Adolfen siene Vörstellungen un Ideen in Mekkelnborg dörchsetten wull. Un wat harrn wi nich allens makt, üm dat to verhinnern! Wenn de Sozialdemokraten up de Kommunisten hürt harrn, wier dat woll mäglich west, öwer de glöwten, datt de brune Hund nich lang bellen würr, se meenten, de Spuk wier nah poor Mand' vörbie. Ja, anschetten, Herr Pastur, as man bie uns seggt . . .

1928 wier ick in de KPD ringahn. Mi wier dat klor, datt dat mit Aftöben ook nich beter warden würr in Dütschland. Un ick hadd dat Baben un Ünnen ja gründlich studeert in dat Torfmuur un in Recklinghausen un in all de Jobs, de ick in Hamborg makt harr. Dat wier de beste Schol för mi, un so is dat ook noch hüt: ick glöw, man möt veeles mitmakt hebben, wenn man mitsnacken will. As ick in de Ortsgrupp' Schwerin käm, wier ick fiefuntwinnig Johrn olt, wier 'n armen Slucker, harr keen'n Beruf un ook keen' Utsichten up betere Tieden. De Genossen öwer bröchten mi up ehr Ort to niege Insichten, wat de Utsichten bedrep – datt wi blots wat ännern künnten, wenn wi tosamenhollen däden.

Ünnerdes wier ick ook nich miehr blots för mi allein verantwurtlich. Ick harr heuradt, miene Fru Frieda wier 'ne Nicht' von den Köster an de Rostocker Marienkark, un twee Kinner harrn wi ook al. Un de lütte Wahnung, Stuw, Kamer, Kök, de wi in de Schelfstadt kriegen däden, kost'te ook Geld. Dormit sähg dat man leeg ut, un wenn ick beten wat verdeinen künn, denn wier 't ook gliek wedder all. Wenn ick nicks kriegen künn, güng ick as all de annern Arbeitslosen up dat Arbeitsamt. De künnen uns öwer ook nich helpen. To 't Tüffelsammeln wullten se uns giern schicken. »Notstandsarbeiten« nömte sick dat, un 't gäw dorbie ook nich miehr Geld, as de Arbeitslosenunnerstützung utmakte. »Nee«, säd ick to den Beamten, »de Tüffeln, de salln de ruterhalen, de se dor versteckt hebben!« He würd bös un smeet mi rut. Na, toletzt hebben s' mi denn »utstüert«, un ick sät dor mit twölf Mark un föfftig Penning Ünnerstützung un acht Mark Fürsorg'. Dat wier to'n Leben towenig un to 'n Starwen toveel. Ick kann mi bienah nich miehr besinnen, wat ick all makt heww, üm to 'n beten Geld to kamen! An'n leiwsten güng ick malern, blots de Lüd harrn ja ook kein Geld nich, sick de Bauden utmalen to laten. Ick makte Botengäng', ick schlög Holt intwei, ick hülp bie 'n Ümtog. Un ick teikente un malte so 'n beten un künn ook af un an mal 'n Bild verköpen, öwer dat wier all nich dat rechte, un ick wüßt ja ook nicks von de Malerie, as datt se mi Spaß maken däd. Keener säd mi, woans ick mi verbetern künn. Mennigmal halten se uns ook to 'n Sneefegen un anner »Notstandsarbeiten«, un 'ne Tietlang makte ick Besorgungen för den ollen Bildhauer Professer Berwald, de al lang Tiet krank to Bedd läg. Ick glöw, he wahnte in de Königstrat. He wier 'n bannig fienen Mann; so ganz witt un blaß läg he in sienen groten Bedd ünner siene Damastdecken. He wier för mi 'n ganz groten Künstler, un ick harr grote Achtung vör em. He gäw mi denn siene smalle witte, kolle Hand, an de he 'n groten Ring drög. He säd ümmer »Herr Hinrichs« to mi, un nie käm een groff Wurt öwer siene Lippen, »würden Sie bitte die große Freundlichkeit haben, Herr Hinrichs . . .«, so sprök he to mi. Ick halte em de Tieding, ick bröcht em Füerung in de Wahnung, datt siene Hushöllerin inbeuten künn, ick

güng ook mal inköpen odder to Post, wenn he wat to hal
odder hentobringen harr. Af un an gäw he mi denn 'n beten
Geld. He hett mi ook de Geschicht' von den Markbrunnen vertellt, de hüt vör den Bahnhoff steiht un »Rettung ut Seenot« heeten sall. De Brunnen is öwer för em so 'ne Ort Denkmal för siene junge Fru west, de he in Rom al up de Hochtiedsreis verlurn harr. Se wier bie 't Baden in den Tiber verdrunken. Dat künn Berwald sien Leben lang nich vergetten, he harr ümmer dissen Kummer in sick, un so sünd woll ook siene Arbeiten, de he as Bildhauer makt harr, so iernst in ehren Utdruck.

He wüßt, datt ick mi ook för de Malerie un Teiknerie un för de Kunst öwerhaupt interessierte, un he säd to mi: »Sie müssen immer fleißig üben, Herr Hinrichs, vor allem nach der Natur!« Ja, dat stimmte woll, öwer he wier so malad, he künn mi nicks biebringen. He harr schöne Biller in siene Wahnung hängen, de heww ick mi oft ankeken.

Berwald is denn, as dat mit siene Krankheit slimmer würd, up den Sachsenbarg kamen und dor ook, dat möt so 1937 west sin, storben.

Toierst öwer sett'te ick miene künstlerischen Talente för de pullitische Arbeit in uns' Partei in. Wi harrn mit noch poor anner junge Genossen 'ne Agitpropgrupp' gründ't, so as dat ook in de groten Städen öwerall makt würd. Uns' Grupp' hett »Rote Wacht« heeten, un ick heww mennigmal för uns Uptridd' de Kulissen un Requisiten malt, ook Transparenten un Sprukbänner, Plakate un Flugbläder teikent. Ja, ick heww mi gor ook as Textdichter versöcht!

Mit uns Agitpropgrupp' führten wi up de Dörper, wenn de KPD dor ehr Landsünndag' maken däd, üm de Landarbeiter un de lütten Buern up uns Siet to trecken. Dat gäw ümmer 'n groten Uploop, wenn wi dor uptreden däden. Un de Gotsbesitter wullten uns ümmer giern wegjagen, öwer so licht güng dat nich!

Disse Tiet kort vör den Faschismus makte mi dat klor, wat ut mi sülm warden süll: ick wüßt dat nu so sachten, ick müßt Maler warden, Kunstmaler, as man so seggt. Ümmer wenn ick Tiet harr, güng ick in de Wärmehall' up den Slachtermarkt,

wo sick de Arbeitslosen uphollen däden, wo se Korten spälten un sülwstdreihte Zigaretten smökten un sick ünnerhölen, odder in uns Parteilokal an den Groten Muur un teikente de Lüd, de dor henkamen däden. Ick güng ook veel in dat Museum, öwer de Biller, de ick dor to seihn kreeg, de makten mi Angst, dat wier mi ook allens to akademisch. Blots de Holländer, de künn ick mi stunnenlang ankieken. 'n beten makte mi dat öwer ook Angst, un wenn ick so vör den Averkamp stünn' odder vör 'n Bild von Aart van der Neer, denn dacht ick woll bie mi: dat liehrst du nie, Corl Hinrichs!

Hüt verstah ick dat: so, as de Holländer malt harrn, künn ja in uns' Johrhunnert keener miehr malen. Öwer de Farwen, de hakten sick fast in mi, un de bewunner ick bet hüt hen. Un ick weet hüt ook, wat dor för Erfahrung tohürt, bet ein' so 'ne Seeküst' malen künn, deese Abendstimmung, wenn dat Water ganz still is un de Hewen schon beten düster ward, wenn all de griesen, brunen, geelen un gräunen Farwtön' inenanner öwergahn un de Konturen sick verwischen ...

In disse Johrn kreeg ick denn ook to 'n iersten Mal Biller un Teiknungen von twee Malers to seihn, de mi deep in de Seel güngen. Un dor wüßt ick, wo miene Ort to malen woll läg. Dat wiern Biller von Heinrich Zille un Otto Nagel. Dat wier de Welt, de ick kennen däd!

So mit de Wiel wier denn de Rieksdagswahl 1932 rankamen, un uns wier dat klor, datt dat nu 'ne Entscheidung gewen müßt. Uns Ernst Thälmann stellte de Losung up: Wer Hitler wählt, wählt den Krieg! Un wi makten nu ook uns' Wahlpropaganda. Datt dat dorbie bienah däglich to Utenannersettungen mit de Brunen käm, dat kann sick jeder vörstellen. De wiern utrüst't, as güng 't in'n Krieg, un 't wier ja ook ein, 't wier 'ne Slacht gegen dat Volk. Se luerten uns up, wo se künn'n, un jedein'n künn sick utmalen, woans dat würr, wenn de to'n Regiern kämen! Öwer wi gäben nich up.

De Geschicht' mit dat Plakatkleben heww ick woll al oft vertellt, öwer dat makt nicks, ick vertell se liekers noch eins

Wi harrn Plakaten kreegen, un nu harrn wi uns 'n Plan makt, wo wi de all ankleben wullten un wecker dat maken süll. Ick güng tosamen mit mienen Genossen Willi Lehr, de wier Klempner, un wi beiden kennten uns god ut in de Gegend üm den Papendiek, he woll noch beter as ick, denn dor wier woll keen Hus, wo Willi nich al mal 'n kaputtes Waterruhr repariert odder 'n Gasruhr leggt harr. Dat gäw soveel Durweg' un Dörchgäng' un Infohrten, wo man fix verswinnen künn, wenn dat up ankäm. Ick heww de dicke Rull mit de Plakaten dragen, un Willi den Kleisterpott mit den groten Pinsel. Dat Kleisterkoken künn ick ja noch ut miene Baukbinner-Liehrtiet, un wenn mit den Kleister so 'n Plakat anbröcht wier, denn sät dat ook fast, dat kreeg so licht keener wedder von de Wand af!

Na, wi güngen nu los. 't wier 'ne düstere, kolle Nacht, 't wier ook allens still, keene Nazis to seihn. Dat wier uns ja blots recht. So klewten wi denn uns Wahlplakaten an, wo dat so paßte. Schön wier dat, wenn dat so henkäm, datt grad bie so 'n dicken Nazi odder hohgen Beamten dat KPD-Plakat an den Durweg klewte. Odder an öffentliche Gebüer, bie de Polizei to'n Biespill, wenn 't güng, dat wier dat best'! Wi hadden nu uns Upgaw schon bienah hinner uns bröcht un wullten nu noch fix an »Stern's Hotel«, wo hüt dat »Haus des Kulturbunds« in sitt, uns Losung ankleben, denn dat wier ja 'ne belewte Eck', so as dat hüttodags ook is, un dunntomalen führte ja de Stratenbahn dor noch vörbie, dor würrn dat veele Lüd seihn, wenn dor grot anstünn: Wer Hitler wählt, wählt den Krieg!

Wi pirschten uns nu öwer den Damm an dat Hus ran. Noch wier allens boomstill, blot in dat Wienlokal von »Stern's Hotel« wier noch Licht, dor wiern woll de Kellner noch bie dat Afräknen. Ook in de Kaiser-Wilhelm-Strat wier nicks to hürn, de Arsenalstrat wier lerrig, un de Friedrichstrat läg düster un minschenleer. Willi smeerte nu fix de Wand in, ick klewte dat Plakat an un strek dat man eben noch so 'n beten mit de Hand glatt, as up eenmal so 'n Getrappel to hürn wier un eene Stimme reep: »Haut die Kommune!« 'n ganzer Trupp Nazibengels käm den Barg von de Arsenalstrat dalrönnt, standepeed up uns beid' to.

»Nah den Diek, Corl!« zischte Willi mi to, smet sienen Kleisterpott weg un leep up den Papendiek to. Ick em nah. Wi hüppten öwer den lütten Tun vör de Böschung un duckten uns dal. Wenn wi nu Glück harrn, denn würn de verdammten Kierls nah links un rechts kieken un glöwen, wi wiern utneiht. Ja, wenn dat nich so veel west wiern. Öwer se wiern an de twintig Mann hoch, un wi wiern man blots wi twei allein. Wenn de uns kriegen däden, se harrn uns kort un kleen slahn, un dor harrn wi kein Lust nich to. »Se sünd weg!« bölkte ein von de Nazis, öwer de Anführer schürrte mit den Kopp. Wi künnen dat allens ganz genau seihn, se stünn'n uns gegenöwer an de anner Stratensiet up dat Trottoir vör »Stern's Hotel«. Se wiern so scharp up uns, datt se gor nich miehr an dat Plakat dachten, wat dor dicht bie ehr an de Muer von dat Hotel klewte.

De Anführer keek noch eins unglöwsch in de Kaiser-Wilhelm-Strat rin un de Friedrichstrat hoch. Un denn up eenmal wieste he mit einen Knüttel genau up de Städ, wo wi beid' achter den lütten Tun an de Böschung von den Diek liggen däden. »Hinter dem Zaun nachsehen!« kommandierte he.

»Corl!« flüsterte Willi mi to, »los, in 't Water!« Tja, wat anners bleew uns nich, een von de Bengels käm al öwer de Strat up den Tun to. Wi rutschten nu liesing up den Buk de Böschung dal un leeten uns in dat ieskolle Water ringlieden. Dat güng bet an de Bost, un ick müßt mi doran erinnern, wo ick vör twintig Johrn in den See inbraken wier: dat wier datsülbige Gefäuhl an den Nors. Wi krallten uns nu mit de Fingern an dat steinerne Äuwer fast un preßten uns ganz dicht an de Äuwermuer, so künn uns von baben kein Minsch seihn, un 't wier ja ook ollich düster an de Städ. De Nazi lücht'te nu mit siene Lamp' de Böschung af, öwer dor wier nicks to seihn. »Hier is keiner!«, bölkte he sienen Anführer to. Se red'ten noch kort mitenanner, un denn säd de Anführer: »Die sind bestimmt in die Bischofstraße gerannt!« – »Los, hinterher!« schreeg een annerer. Se trappelten af mit ehr Nagelstäwels, datt dat so ballerte up de nächtliche Strat.

Willi un ick, wi kledderten nu wedder an Land un stünn'n

nu dor mit uns' natte Klamotten vull Aantenschiet un Modder, un Willi wieste grienend mit sienen Finger öwer de Strat. »Kiek mal, Corl!« säd he. An »Stern's Hotel« stünn grot un dütlich, swatt up witt: »Wer Hitler wählt, wählt den Krieg! Darum Eure Stimme der KPD!«

Se hebben em denn öwer doch wählt, un se hebben denn ook dorför betahlt. Se hebben em sien Palaver glöwt: Arbeit un Brod, un de Juden wieren schuld un de Bolschewisten, un Dütschland müßt de Schand' von Versailles utlöschen, un wi Dütschen wiern öwerhaupt de Gröttsten. Dat hadden wi doch all schon mal hürt! För mi un mienesglieken kämen nu slichte Tieden. 1934 makten se bie mi de ierst »Haussuchung«. Giwt, glöw ick, keen plattdütsch' Wurt för so 'ne Schikanirerie. Se smeten allens dörchenanner, de Wahnung sähg ut as nah 'n Ierdbeben. Se kippten de Schuwladen ut, se reten de Bedden utenanner, se smeten de Kleeder ut dat Schapp, se schürrten de Zucker- un de Soltbüß ut, up eenen Hümpel, versteiht sick, öwer funn'n hebben se nicks. Blot bie miene Böker, dor würden s' fünnig. Wat ick an Parteiliteratur harr, dat wier god versteckt, dat kreegen s' nich, öwer wer hett sick denn dacht, datt se ook ünner de Romanen un de Kinnerböker rümwäuhlen däden? So käm ick üm mien ierstet Bok von Martin Andersen-Nexö, »Ditte Menschenkind«, un dat deiht mi hüt noch leed.

Ick künn mi ümmer grad so vörbiedrücken un heww woll lütt beten Glück dorbie hadd.

Mien Broder Fritz, den harrn se bös erwischt un gliek inspunnt. He wier von 1936 in Mauthausen, un dor hemm'n se em 1942 ümbröcht.

Ick wier mi in'n kloren: ick müßt toseihn, datt ick mäglichst nich in Schwerin to seihn wier. Se harrn uns all up den Kieker. So besorgte ick mi al 1934 'n Gewerwschien för 'n ambulanten Hannel un güng för Stropahl in de Blücherstrat up de Dörper hausiern, »in Kommission«, as dat heeten däd. Ick öwernähm von Strohpahl de Waren un verhökerte de bie de Buern. Ick hannelte mit allen mäglichen Kram un harr 'ne Verdeinstspann von föftig Perzent, dat heit: föftig Perzent von de Öwerschuß kreg Strohpahl, un föftig ick. Licht wier dat toierst nich, up diss Ort Geld to verdeinen, öwer ick kennte bald all de Buernfruen mang Flessenow un Holthusen, mang Cambs un Rosenow, ick wüßt, wat se bruken däden. So güng dat denn an mit den Hannel. Ook de Schandarm'n wiern mit mi tofreeden, de meisten wiern jo öwernahm'n un keene Nazis. Un ick harr ümmer mienen Gewerwschien dorbie, ümmer tru un brav mit den niegsten Stempel »Gebühr bezahlt«. So künn ick mi öwer Water hollen. Köm ick up 'n Buernhoff an, denn klingelte ick mit mien Fahrradklingel un leet denn mienen Singsang af, den ick mi torecht makt harr:

Twirn un Band!
Schöttenband!
Krem för de Hänn'n,
Krem för de Been!
Grön Druppen un Hamborger Plaster!
Bösten!
Kellen!
Finsterledder!
Krem un Klingen för den Bart!

Na, de lachten denn schon, wenn se mi seihn hemm', un se köfften mi ümmer wat af.

So liehrte ick denn ook de Meckelborger Landschaft rund üm Schwerin gründlich kennen, bie Dag un bie Nacht, an den fröhen Morgen un wenn abends de Dämmerung käm, in Harwst un Winter, in Fröhjohr un Sommer, bie Regen un Sünnenschien, bie Nebel un Storm, bie Frost un Hitt. Ick künn mi gor nich sattseihn, un ick begrep, datt dat miene Landschaft wier un dat ick se malen un ümmer wedder malen müßt. Un dat makte ick ook. Ick harr ümmer mienen lütten Malkasten bie mi un mien'n Skizzenblock, un wenn ick wüßt: Jetzt hest naug verdeint mit Strohpahlen sienen Kram, denn sett'te ick mi an den Wegrand odder up 'ne Wisch odder ünner 'ne Wied un malte. Ick heww meist lütte Biller malt, an de groten Formaten truhgte ick mi noch nich recht ran, dat wier mi noch to abenteuerlich, so 'ne grote Fläch' vulltokriegen, un 'ne Staffelei künn ick ja ook nich mitsleppen up mienen Drahtesel. Dat wiern miene besten

Stunn, wenn ick so in de frie Landschaft malen künn. 't käm ook vör, datt mie mal ein'n 'n Bild afköfte, öwer Updräg gäw mi keener. Un dat wier wedder so as in den Krieg, wo ick as Kohjung in Krebsförden arbeiten däd. De Welt sähg so friedlich ut un wier 't doch nich. Öwer miene leiwen gräunen Hügel un miene Wiedenböm un miene Landweg', de ick afradelte, öwer miene leiwe stille Landschaft tröck sick al wedder wat tosamen, un dat künn ick nich uphollen, ick allein schon gor nich. Dat wier woll noch 1932 uptohollen west, wenn sick alle einig west wiern. Nu wier 't to lat. Hitler kreeg, wat he wull: sienen verdammten Schiet-Krieg.

Ick dacht, se würden mi gliek to de Soldaten halen, öwer nee, dad däden se nich. Se wullten woll ehr Dütsche Wehrmacht nich mit so »unsichere Kantonisten«, as ick dat wier, »besudeln«. Noch brukten se mi ja ook nich, noch harrn s' ja noch naug an de, de mitloopen wiern un de nu glöwten, datt ehr leiwer »Führer« se in goldene Tieden führn würd.

Dat wier jüst so as 1914: de dor nu introcken würden, de dachten, se wiern nah söß Weken wedder to Hus. Datt ut de söß Weken söß Johrn würden un dat mennigein öwerhaupt nich wedderkamen würd un anner wedder noch 'n poor Johrn Gefangenschaft anhängen müßten, dat glöwte keener. Un de, de dat wüßten odder ahnten, de würd'n gliek inspunnt odder gor dotslahn, wenn se een Wurt säden.

Nee, to de Soldaten halten se mi nich, öwer se nähmen mi mienen schönen Gewerwschien weg, un ick würd »dienstverpflichtet«. Ick müßt nu jeden Dag nah Görris führn un dor up den »Fliegerhorst« as Hoffarbeiter un Anstrieker arbeiten. Dat wier mi liekers leiwer, as Soldat to spälen. Un ick kann mi dat to Ihr anräken, datt ick ook as Arbeiter up den so benömten »Fliegerhorst« nicks dan heww, wat den Hitler hulpen hett, den Krieg to gewinnen. Ick müßt Tün anstrieken un Warkstäddören un Fautböen', de Kantin' un de Latrin'. An de Flugtüg leeten s' mi nich ran, öwer ick hadd dor ook kein Fiduz nich to. Mien Vörgesetzter wier 'n krüzbraven ollen Schweriner Handwarksmeester, ook nich miehr ganz jung, 'n Dekorationsmalermeester namens Tieth, den se dor ook deinstverplicht' harrn.

Wi beid' hemm' ümmer toseihn, datt wi Arbeit harrn, wo nich soveel Uniformierte rümloopen däden. Wenn Fierabend wier, sett'ten wi uns beid' up uns' Fohrröer un führten nah Hus. Ick vertellte em miene ganze Geschicht', un eens goden Dags keek he mi so an un frög mi: »Segg mal, Corl, wist du nich dienen Gesellenbreif maken bie mi?« Ick keek em wedder an un wunnerte mi. »Ja, giern«, säd ick, »man blots – ick heww doch gor nich bie di liehrt!« – »Klor hest du dat! Wi sünd doch bienah drei Johr tosamen up den schietigen Flugplatz, dor weit ick as Meister nu, wat du kannst, un können deist du wat, dat is mal rein klor. Un nu kümmst du Sünndag in miene Warkstäd, ick hal mi noch 'n Meester von de Innung to, un denn nähm'n wi di de Prüfung af!«

Na, dat wier 'n Ding! Ick wier so gerührt, dat kann ick gor nich seggen. Ick wier nägenundörtig Johrn olt un würr nu endlich 'n richtigen Beruf hebben! Un wat würr sick ierst miene olle Mudder högen, de sick ümmer Kummer makt harr, datt se mi nicks »Ordentliches« hett warden laten künnt!

Sünndag güng ick nu to em in de Warkstäd. Richtig, dor wier noch 'n ollen Meester, de in de Innung wat to seggen harr, öwer ook kein Nazi wier. Se säden mi nu, wat ick maken süll: Ierst 'n Ornament, un denn noch 'n Schild mit Schrift bemalen un denn noch so 'n poor Upgawen, wat so 'n Dekorationsmaler kennen möt. Nich, datt nu eener denkt, se würden mi dat blots so to Gefallen maken. Nee, nee! Se keeken sick allens ganz iernsthaft an, leeten mi ook nicks dörchgahn un stellten mi denn noch allerhand Fragen, de ick beantwurten müßt, nah de Farwenliehr un de Perspektiv' un de Orten von Pinsels un woto de god wiern un nah dat Mischen un so. Dat wier 'ne richtig strenge Prüfung. As se mi nu utquetscht harrn, schickten se mi rut, un teihn Minuten later reepen s' mi wedder rin. »Herr Hinrichs, Sie haben die Gesellenprüfung als Dekorationsmaler in allen Ehren bestanden!« säd Tieth fierlich to mi, obschonst he süss platt reden un mi duzen däd. Denn schürrten se mi de Hand un öwergäben mi den Gesellenbreif. Dat rührte mi deep an, dat heww ick den ollen Tieth nie vergetten. 't wier ja midden in den Krieg, un se wüßten ja ook, datt ick Kommunist wier un datt mien Broder grad in Mauthausen umbröcht worden wier. Se wüßten dat. Öwer 't tellte nich för se. För se tellte: he kann wat. Un mi gäw dat 'n beten Hoffnung: 't gäw doch 'ne Menge anstännige Minschen, mit de wi nah den Krieg un nah den Hitler nieg anfangen künnten. Denn datt dat mit disse Mörderbande nich ewig duern würd, dat wier mi al klor.

In dat glieke Johr 1942 makte ick ook de Bekanntschaft von den Schweriner Maler Wilhelm Facklam. He wier viellicht föftig Johrn olt un 'n beten wat schrullig un sähg ut, as sick Lütt Moritzen 'n Kunstmaler vörstellen däd. Von de Nazis höll he nicks, öwer gegen se harr he ook nicks makt. He wull sien Rauh hebben un malen, allens anner interessierte em nich. He wier 'n bürtigen Meckelborger, stammte ut Upahl un lewte schon twintig Johrn in Schwerin. Bie Franz Bunke harr he studiert, un ook de »Altmeister« Carl Malchin, de up unsen ollen Schweriner Kirchhoff begraben liggt, harr em mit utbilld't.

Facklam wier 'n goden Landschafter. He frög mi, ob ick nich mit em sünndags Naturstudien maken wull. Na, giern wull ick dat! Ick bün denn ook mennigmal mit em lostrocken, un wi säten denn in de Natur un malten. Damals begrep ick ook, datt dat Detail in de Landschaftsmalerie sienen Platz hett, un datt blots de dat Detail de groten Formen ünnerordnen kann, de dat ook beherrscht. Na, ick markte up jeden Fall, datt ick noch veel maken müßt, üm mienen Drom wohrtomaken. Dörch Facklam liehrte ick ook Gahlbeck un Maltner kennen. Un mit Facklams Hülp schaffte ick dat ook, datt twee Kunsthändler in Schwerin, Pathé un Michaelsen, Biller von mi utstellten un anköfften.

Ick müßt mi bet Januar 1945 up den »Fliegerhorst« rümdrükken un Tün, Finster un Latrinen anstrieken. Denn wier 't sowiet, se wiern so wiet afwirtschaft't, datt se ook up Corl Hinrichs nich miehr verzichten künn'n. Se dachten woll: wenn wi den nu noch intrecken, denn kriegen wi de Karr' viellicht doch noch ut den Dreck, un de Endsieg is uns'! Ick müßt ierst in Schwerin un denn in Perleberg up den Flugplatz Deinst maken. De Uniform kotzte mi an, öwer dat hülp nu nich. Se billten uns ut, lurer so 'ne »Ollen« as ick, so 'ne Veteranenkompagnie, de Jüngst wier man viertig Johrn olt. De harrn all wat, de ein Rheuma, de anner Asthma, de drüdd wier kortun de veert wietsichtig. Na, bet se uns nu so biebröcht harrn, wo man anstännig grüßt, dor wier 't al April, un se schickten mi mit 'n Kfz-Toch von lurer Österreicher nah Dresden, dor sülln wi nu den Fiend uphollen. De Österreicher, se wiern all ut Wien, de harrn ja nu keene Lust, den Helden to maken, de würden wat schieten up Grotdütschland. Un so güng dat ook för mi god af: in miene ganze Soldatentiet heff ick up keenen Minschen dat Gewehr richten brukt.

Tje, un as wi nu in Dresden ankämen, wat total kaputt un bannig leeg antoseihn wier, dor wier 't mit den Krieg vörbie. De Rote Armee harr de Nazi-Slang dotpeert. Uns nöhmen s' kampflos gefangen, un ick mang miene Österreicher harr mächtiges Glück. As wie nu dörch Dresden affführt würden to so 'n Sammellager, güng dat dörch so 'ne enge Strat, wo noch Hüser stünnen, un von vörn käm 'ne anner Kolonne, de woll to 'n anner Sammellager süll, un so gäw dat 'n beten Gedräng in de Strat. Un ick keek so biesiet un sähg dor 'ne Husdör apen stahn un 'n düstern Husflur dor achter. Un as wenn ick dat gor nich wull, so ganz von allein, so dreihte mi dat üm un schöw mi in den Flur herinne, un de Dör föll to, un denn wier 't still. Dor stünn nu de Malergesell, unbenutzte Soldat un Kommunist Corl Hinrichs ut Schwerin in ein'n düstern Dresdner Treppenhus. De niege Tiet füng god an.

Dat föft Johrteihnt

Ick stünn dor nu, as wier dat gor nicks, in dat Dresdner Treppenhus. Un wat nu? Toierst luchste ick noch eins dörch de Dörenritz nah buten up de Strat, öwer 't wier allens still, de Kolonnen wiern aftrocken, un se harrn dat woll gor nich markt, datt Corl Hinrichs nich miehr dorbie wier. Na, ick steeg nu bet to den iersten Afsatz de Treppen hoch. Dor hürte ick von baben 'n Schritt, un denn käm 'ne Fru de Trepp' dal. Se kreeg 'n Schreck, as se mi sähg, un säd, up sächsisch, versteiht sick: »Huch! Was hab'sch ä Schregg gegricht! Was mochen Sie denn da?«

Ick läd nu den Finger up de Lippen un säd to ehr: »Pscht! Man nich so lud! Ick heww mi eben afsett't, ick heww keen Lust, in Gefangenschaft to gahn, un to Hus töben miene Fru un miene fief Kinner up mi!«

Ick öwerdreew dat 'n beten, üm ehr weik to maken, datt se nich viellicht hengüng un 'ne Patrouille reep, de mi denn mitnehmen däd. Ick harr doch keinen wat dan, heww keinen Schuß afgäben, wier ümmer gegen de Nazis west, un dorfür süll ick nu ook noch in Gefangenschaft? Nee! Wat harr ick denn dor to söken! Dor süllen man de hen, de mitloopen wiern un »Heil Hitler« schreegen harrn, öwer ick doch nich! Ick wull nah Hus!

»Sie sind wohl aus Hambursch?« frög mi de Fru un griente mi an. Ja, dat wier 'n ganz lecker Wief, öwer se harr 'n swattet Kleed an, un ick dacht mi gliek: dat ist woll 'ne Wittfru, de hett ehrn Mann in den schietigen Krieg verlurn.

»Nee, leiwe Fru, ick bün ut Schwerin, dat is twors nich wiet af von Hamborg, öwer doch nehger nah de Ostsee hen, un dor will ick ook wedder hen, öwer nu möten Se mi mal furts beten versteken, süss kümmt noch 'ne Patrouille un nimmt mi mit!« Se nickte. Un denn föt se mi an de Hand un tröck mi in ehr Wahnungsdör rin. Dat wier 'ne schöne Wahnung, allens blitzblank. »Wie heißen Sie denn?« frög mi de Fru un hülp mi dorbie, mien oll Uniformjack uttotrecken.

»Ick heet Corl!« säd ick, un dormit wier se tofreeden. Na, kort un god, se säd, ick süll allens uttrecken, wat ick anharr: se würr de Saken an den Abend, wenn dat düster würr, in de Ruinen smieten. Denn gäw se mi 'n Stück Kernseip, dat wier ja 'ne grote Kostborkeit, un ick künn mi ierst mal waschen. Un denn halte se 'n Nachthemd, dat wier woll von ehrn Mann, un denn güng ick to Bedd. Ick heww woll twee Dag' slapen, so fast un deep, datt mi diss' beiden Dag' in'n Leben fählen. As ick de Oogen wedder upmakte, wier dat as so'n Märken, datt ick hier in so 'n schön weiket und wittet Bedd läg.

Mit mienen Bort, de ja ook bie dat Slapen wieder wussen wier, möt ick nu dull utseihn hebben, denn miene Fru Wirtin Wunnermild makte mi ierst mal heet Water un gäw mi Rasiertüg, un denn kratzte ick mi den Bort af un käm mi vör as in den söbenten Hewen. Ja, de Fru wier god to mi, dat künn ick nich anners seggen, un wenn se noch lewt, denn sall se gesund un munter hunnert Johr olt warden. Ick wünsch' ehr dat!

Jeden Dag güngen nu sowjetische Patrouillen dörch de Stadt un söchten versteckte Soldaten. So kämen se denn ook mal in de Wahnung, as ick noch in'n Bedd läg. De Fru möst se ja rinnelaten, wat bleew ehr öwer. Een Offizier un veer Mann stünn'n dor nu so batz in de Dör, ick wüßt gor nich, wat ick seggen süll, so hadd ick mi verfiehrt. Ick dacht: Corl, nu büst du riep! De würden mi dat doch nich toglöben, wenn ick seggen würd: ich Kommunist! De würden sick eens högen un würden seggen: Da, da! Jetzt alle Deutschen Kommunist!, un denn würden s' noch seggen: Dawei! Sibir!

Ick möt woll in miene Angst so blaß worden sien as de Dot. »Das dein Mann?« frög de Offizier miene Wirtin Wunnermild. Un de nickte. »Krank?« frög de Offizier – ick sähg woll so ut. Un se nickte wedder un säd: »Tuberkulose!« – »Dawei!« säd de Offizier, öwer nich to mi, sonnern to siene Patrouille, un weg wiern s'. Ick sprüng ut dat Bedd, grep mi miene Redderin un drückte ehr eenen up. »Aber Carl!« säd se. »Was werden denn deine Frau und deine fünf Kinder dazu sagen!« – Na ja.

Ick bleew noch vierteihn Dag bie ehr. Se gäw mi 'n Antoch von ehrn Mann, ook Schoh un Ünnerbüxen. Ick hadd mi den Plan makt, datt ick ümmer an de Elw langlopen wull, dor müßt ick ja denn nah Meckelnborg henkamen. So säd ick ehr denn Adjüs. Wi harrn beid' Tranen in de Oogen, öwer wat hülp dat, ick müßt ja nah Hus. So füng denn de Reis' to Fot nah Schwerin an. Stück Brod hadd ick un 'ne oll Tasch' un 'n Tüffelmetz, dat wier mien Reis'bagasch. As ick nu ut de Husdör käm, wull dat de Deiwel, datt wedder 'ne Patrouille käm, un von de anner Siet ook noch 'n Trupp Soldaten. Dat wier ja man 'ne korte Reis, dacht ick bie mi. Öwer denn wier mi doch dat Glück wedder hold: gegenöwer stünn 'n Pierdwagen, mit Plunner vullpackt, ick weet nich, wat dor all up wier, Kisten un Kasten. Un up den Buck sät 'n ollen Mann, de wull grad losführn. Ick däd nu so, as hürte ick dorto, steeg fix up den Buck, nähm den Ollen de Pietsch ut de Hand un de Lien, tippte dat Pierd an un säd »Hü!«. Denn flusterte ick em to: »Ick möt weg! Ick möt nah Meißen!« He nickte. »In die Rischdung mußsch ja ooch!« antwurt'te he, as wier dat gor nicks, un dat Pierd tröck an, grad up de Soldaten to, de up den Damm güngen. Un wat sall ick seggen – de güngen ganz höflich bisiet un löten uns dörch. De Oll wieste mi den Weg, wo ick führn müßt, un wi zuckelten mit uns Fohr' dörch de Ruinen von Dresden. He vertellte mi, datt he mit sien Pierd un sien lütten Wagen de Utbombten helpen däd, ehr poor Plünnen, de se harrn redden künnt, ut de Stadt to halen. Mi frög he nicks, he künn sick woll vörstellen, wat mit mi los wier, un he dachte woll so bie sick: Wat ick nich weit, dat makt mi nich heit.

An den Stadtrand, ganz dicht bie dat Elwäuwer, sett'te he mi af un wünschte mi Glück un Gottes Segen up den Weg. He wier woll fram, un ick bedankte mi bie em un dacht, datt ick de Wünsch' woll bruken künn. Un ein jeder kennt ja al den Snack, datt de leiwe Gott 'n goden Kommunisten nich verlött.

Ick güng nu de Chausee nah Meißen ümmer lang. 't wier 'n schönen, hellen Maidag, de Böm blöhten as dull, de geelen Bodderblomen lücht'ten up de Elwwischen, 't wier so schön, un ick wier so froh, datt nu endlich Freeden wier. Wenn ick nu noch heil nah Hus käm, denn wier ick de Glücklichst' up de Welt!

Eenmal käm mi 'n Lastwagen entgegen, de wier vull mit Frömdarbeiter beladen, de luthals süngen; se fierten woll ehr Befreiung un swenkten Schnapsbuddels un wiern schon beten dun. As se an mi vörbieführten, schürrten se de Füst' un reepen mi up polnisch wat to, dat hürte sick man gor nich fründlich an, un ick dacht bie mi, ick müßt mi woll 'ne Tarnung beschaffen, datt ick nich so eenfach dor lang lep, dat künn mennigmal nich god för mi sien. An eene Eck von de Strat stünn in den Graben dicht bie 'n groten Hümpel Schotter 'ne olle vergammelte Schuwkorr mit 'n iesern Rad, un 'ne olle, verrustete Schüffel läg ook dorbie. Ha! Dat künn ick god bruken. Ick tröck de Korr ut den Graben, grep mi de Schüffel, smet beten Schotter up de Korr un schöw nu los. Ümmer wenn 'n Wagen kem, bleew ich stahn un däd, as würd ick de Löcker in den Chausee tomaken.

Tje, so güng dat Leben mit mi üm! Hen nah Dresden harrn s' mi mit 'n Toch bröcht, un trüch güng ick nu hinner 'ne Schuwkorr. Ick hadd in mienen Leben noch nich alltoveel Bekanntschaft mit Schuwkorrn makt, blot in dat Düwelsmuur un bie de Notstandsarbeiten in de Krisentiet. Ick glöw, viertig odder föftig Kilometer heww ick an den Dag mit mien Schuwkorr schaben, üm Meißen rüm, dörch de Stadt dörch wier mi dat to riskant, un denn noch 'n Stück wieder de Elw lang, mal baben up den Barg, mal ünnen in dat Dal. Denn wier mi dat öwer mit de oll Korr, se fiepte ook bannig up de dröge Achs' un wull nich miehr so recht. So stellte ick ehr denn ollich af, de Schüffel dorto, as ick 'ne Rodehack funnen harr, de man so to 'n Tüffelracken brukt. De nähm ick nu öwer de Schuller un löp wieder. De Dörper wiern meist still, mennigmal kläffte mi 'n Köter nah, un wenn ick Döst kreeg, güng ick up 'n Buernhoff an de Pump.

Eenmal, ick hadd wedder groten Döst, dat möt so kort vör Torgau west sien, dor stünn'n an een'n dicken Boom vör so 'n Buernhus veer odder fief Fohrröer anlehnt. Ick güng nu in dat Hus rin un wull üm Water bidden. Öwer as ick de Dör upmakte, de von den Husflur in de Stuw ringüng, dor kreeg ick noch 'n groten Schreck, denn in de Stuw lägen russ'sche Soldaten un snorkten. Se slöpen bannig fast un snorkten bannig lud, viellicht harren s' beten fiert, dat käm se ja ook to. Na, ick wull se nich in ehrn verdeinten Slap stürn un makte de Dör fie un liesing wedder to. As ick rute kem, stöken mi doch de Fohrröer in den Oogen. Ick leihnte mi een dorvon ut un führte vergnäugt los. Ick markte öwer bald, datt gor keen' Luft up de Reifen wier un ook keen Pump' an dat Rad. 't blew mi nicks öwer, as de Reifen mit mien Tüffelmetz rünnertosniden un denn up de Felgen wiedertoführn. Ümmer Parole Vorwärts! Up wecker Wies, dat wier mi ganz egal. Na, mit de Wiel däd mi de Nors bannig weih von dat Gestucker, un de Felgen wiern ook al bald dörch. Eenmal führte ick an een'n Trupp russ'sche Soldaten vörbie. As de mi so up mienen Radderbuck sitten sähgen, dor lachten s' sick half kaputt un slögen ehr Hänn'n up de Knei, so geföll se dat. Öwer se hölln mi nich an. Toletzt güng dat denn nich miehr wieder mit dat Rad, 't wier toschann'n worden up dat Koppsteenplaster. Ick stellte dat malade Diert an'n Boom un güng nu mit mien Rodehack wedder to Fot. Dat makte sick ganz god. Käm ick rin in'n Dörp, dachten s', ick käm von'ne Arbeit, un güng ick rut, denn glöwten s' woll, ick wull hen nah 'n Acker. Datt dat in'n Maimand gor nicks to racken gäw bie de Tüften, doran dacht ick nich – öwer de annern ook nich, un dat wier mien Glück.

Ick wier nu al bienah bet nah Torgau henkamen un müßt noch dörch 'n Dörp. Dat wier woll 'n Got west. Up den Gotshoff sät 'n russ'scher Soldat as Graf Koks up 'n fienen Stohl, dat wier woll de Schriewdischsessel von den Gotsbesitter west. He harr sien Scheitiesen mang de Knei. Achter em stünn'n poor dütsche Gefangene rüm, de grienten, as se mi mit mien Rodehack dor ankamen sähgen. Se dachten woll: Dor is ja al wedder 'n Kannedat för Sibirien. De Soldat, 't wier woll 'n Sergeant, reep mi ran. Ierst däd ick ja so, as hürte ick gor nicks, un he bölkte noch eens. Ick läd nu miene Hand achter dat Uhr un makte »Häh?«. He winkte, un ick güng noch 'n Schritt nähger ran un stamerte em de fief odder söß französ'schen Brocken to, de ick von mien Mudder liehrt harr. Ick weet nich, wat dat för 'n Indruck up em makte, ob he mi nu för 'n französ'schen Frömdarbeiter höll odder för 'n Mallkopp odder Dörptroddel, öwer dat wier mi ook egal. He winkte af, un ick güng wieder un dacht' so bie mi, datt de Segenswünsch' von den Dresdner Pierdkutscher woll doch wat hulpen harrn. Ick hadd öwer ook Massel! An den Utgang von dat Dörp stünn'n al wedder weck. »Kuda?« frög mi de ein un höll mi sien iesern Pusteröhr vör de Bost. »Rabotti!« anterte ick. »Charascho!« säd he un nähm dat olle Ding von miene Jack. »Dawei!« Tja, »Dawei!« hürte ick giern, un »Rabotti!« wier so 'ne Ort Zauberformel in disse Dag', wo ick up miene Reis wier.

So käm ick denn nah Torgau rin, öwer de Stadt wimmelte man so von Soldaten. Ick wüßt ierst nich, wo ick dor wedder rutekamen süll, öwer denn föll mi dat in, nah den Bahnhoff hentogahn. Dat is woll so 'n Reflex: wenn de Minsch in 'ne frömde Stadt is un nich weit, wat he maken süll, denn geiht he to 'n Bahnhoff. 't wier liekers 'n snackschen Infoll, denn dor führte keen Toch, de ganze Bahnhoff wier utstorben, keen Minsch, allens open, de Bahnhoffsklock stünn, de Bahnhoffswirtschaft wier utrümt, 't stünn blots noch 'ne olle, blankschüerte Bank in 'ne Eck. Dor heww ick mi denn rupleggt un ierst mal slapen. Hett mi ook keinein bie stürt.

Annern Morgen müßt ick mi nu wat infalln laten, wo ick nu ut Torgau wedder rutekäm. Fröhstück föll ook ut, mien Brod wier al lang all, un so kreeg ick man blots 'n Buk vull Water an de Torgauer Bahnhoffspump. Ut een'n Schuppen, wo de Bahnarbeiter ehr Warktüg ünnerbröcht harrn, nöhm ick mi 'ne olle Iesenbahnermütz', 'n Hamer mit 'n langen Steel an un so 'n Holtkasten, wo Schwellenschruben in wiern, un denn güng ick los, ümmer de Bahnstreck' lang, un kloppte ümmer 'n beten an de Muddern. As ick nu 'n Enn' ut den Bahnhoff rute wier, dröp ick wedder up 'n Posten, öwer de künn ja seihn, wat ick makte, de höll mi nich up. Ick löp nu wieder, bet de Bahn wedder nah de Elw rankäm, un dor smet ick denn miene Warktüg weg un swemmte eenfach öwer de Elw röwer mit miene Klamotten. Ick wier twors quitschnatt, öwer dat wier ja Enn' Mai, de Sünn schiente warm von'n Hewen, ick heww mi an de anner Siet an den Diek in de Sünn leggt, un dat wohrte ook nich lang, dor wier ick wedder drög.

So käm ick denn middlerwiel in dat Havelland. Dor wiern de Buern grad bie de ierste Heumahd, un Lüd harrns nich, se wiern froh, as ick bie een'n Buern frög, ob ick helpen künn för'n beten Eten und Drinken un Slapen. Dat heww ick twee odder dree Dag makt. Ful wier ick nie west, un so wier de Buersfru ook mit mi tofreeden un gew mi ollich wat to eten un ook noch Proviant up den Weg, as ick nu wedder loswull.

Mien Weg ut dat Havelland bet hen an de meckelborgsch' Grenz' bröcht mi noch allerhand Erlewnisse. Wat de russ'schen Soldaten angeiht, so möt ick seggen: 't wiern all gode Jungs. Keen een hett mi wat dahn. Eener, dat wier schon so 'n öllers Semester mit 'n grotmächtigen Budjonny-Bort, 't wier woll 'n Fourier, de nöhm mi up sienen Panjewagen mit un gäw mi 'n ganzes Brod. Ick glöw, dat wier 'n Buer. De satt so god to Buck un künn so god mit siene Pierd ümgahn, un ick heww mi bie miene Wannerung selten so wohl föhlt as up den Panjewagen mit de lütten Pierd vör un den russ'schen Buern up den Buck un dat swatte Brod in de Hand.

Een annermal heww ick twei junge Soldaten drapen, de güngen dor Striep, harrn öwer woll keen Lust, wat to dauhn. Se höllen mi 'n Spill Korten ünner de Näs. Na, wie versöchten dat ook, öwer künnen uns nich so recht up 'ne Spälwies einig warden. Entweder se kennten dat un ick nich, odder ick kennte dat un se nich. Dor heww ick ehr denn de Korten leggt, as ick dat noch von Oll Mudder Brandten erinnern künn, so mit Harten-Dam öwer 'n korten Weg, un heww ehr vörutseggt, datt se bald nah Hus kemen un 'ne Fru kriegen würden. Dor wier 'n se denn heil froh öwer, schenkten mi 'n Stück Lewerwurst un löten mi loopen.

Öwer ook de Dütschen, besonners de eenfachen Lüd, de ick up de Landstrrat antröf, hebben mi ümmer hulpen, un ick heww dat ook makt, wenn ick künn. Mit miene Gedanken wier ick ümmer to Hus, wat woll miene Fru un de Kinner maken däden. Un ick dacht an mien Meckelnborg mit de ollen Buernhüser un de Wieden un de Silberspeegels von de Seen, un wat dat doch all in'n Freeden so schön wier. Un ick dacht an Fritz Reuter, as de ut de Festung Daems käm un sick frög: Wecker Weg is nu de rechte? Un ick dacht ook öwer nah, wat de Minschen doch dömlich wiern. Müßten sick ierst dotscheeten laten odder in 't Unglück bringen för de Grotverdeiner, bet se dat begriepen däden, datt't ahn diss Takeltüg veel beter güng! Wat nu woll warden würr ut uns' Land?

Mit so 'ne Gedanken köm ick nu de meckelnborgsch' Grenz' nähger, un dor würd mi doch ganz anners, ick kann 't gor nich beschrieben, un ick scham mi nich, dat totogeben: ick bün in de Knei gahn un heww de Ierd küßt. Un mennig Meckelborger föl mi in, de de Heimat ebenso giern wedderseihn würr as ick. Ick löp nu dörch dat ünnerste Stück von Meckelborg un köm kort nah Middernacht nah Pütt ran. Hier kennte ick keenen Minschen, öwer in een'n ollen Gasthoff wier noch Licht, un as ick frög, säden se mi, ick künn ja in de Gaststuw up den Leddersofa slapen. Annern Morgen vertellte mi de Gastwirt, se würden nu 'n niegen Bürgermeester hebben, Goldenbaum däd de heiten un 't wier 'n Kommunist. Wat? Goldenbaum?? »Doch nich Iernst Goldenbaum?« frög ick den Wirt. »Ja«, säd he, »so heit he woll!«

Na, ick nu nicks as hen nah dat Rathus. Wenn dat stimmen däd, denn wier dat miene Rettung! Ick müßt lang töben, de Bürgermeester harr dull to daun, Lüd kämen un güngen, 't wier ja 'n dull Dörchenanner in de ierste Tiet nah den Krieg, Flüchtlinge kämen in Massen an, de Lüd hadden nicks to eten, keen Dack öwer 'n Kopp, veele wiern krank, öwer 't gäw keen Medikamente, ook Dokters wiern nich veel dor, 't wier man allens leeg. Dor müßt sick so 'n Bürgermeester schon wat versöken, datt dat all in de Reihg käm.

Na, toletzt harr ick denn doch Glück, un ick erwischte Iernst

Goldenbaum so mang Dör un Angel. He keek mi lang an, denn güng so 'n Lüchten öwer sien Gesicht, he gäw mi de Hand un säd: »Minsch, Corl Hinrichs! Wo kümmst du denn her?«

»Ut Dresden, to Fot!« säd ick.

»Nah Schwerin gah man noch nich, Corl!« säd Iernst to mi, »dor sünd noch de Amis, de hebben nich veel in'n Sinn mit uns Kommunisten!«

Ick glöw, Iernst Goldenbaum wull mi woll giern in Pütt behollen, he künn jede Hand bruken.

»Nee, Iernst, dat helpt all nicks, ick möt nah Hus!« säd ick, un he künn dat ja god begriepen.

»Ick stell di 'n Utwies ut, Corl!« säd he to mi. He gäw mi 'n groten Schien, dor stünn up, datt ick em persönlich bekannt, datt ick Kommunist wier un gegen de Nazis kämpft harr un datt mi de dütschen un de sowjetischen Stelln helpen sülln. Stempel, Ünnerschrift: Ernst Goldenbaum, Bürgermeister in Parchim.

Nu künn ick bet nah Crivitz hen frie un unbehelligt gahn, ick harr mienen Schien, un wenn mi eener anhollen däd un dat to läsen kreeg, denn leggten s' de Hand an de Feldmütz un seggten »Towarisch« to mi.

In Crivitz kreeg ick furts wat to daun.

»Genosse Hinrichs«, säd de Bürgermeester to mi, »Se sünd doch Maler?«

»Gewiß!« säd ick.

»Könn'n Se ook Schrift malen?« wull he weiten.

Un so käm dat, datt ick de niegen Crivitzer Stratenschiller schriewen un anbringen müßt. Ick heww dat dree Dag' lang makt. 't wier ja nu vörbie mit de Adolf-Hitler-Straten un de Horst-Wessel-Plätz'.

As ick nu in de Nähg von den Bahnhoff to daun harr, dacht ick bi mi: kiek doch mal, wat dor los is. Ick heww dat ja al seggt: de Bahnhöf, de tröcken mi an.

»Jo«, säd mi so 'n oll Bahnarbeiter, »kümmt jeden Dag 'n Toch ut Schwerin, un de führt denn ook wedder trüch!«

Dat wir 't, wat ick brukte! Ick leihnte mi nu 'ne olle Bahnermütz ut un makte dat wedder as in Torgau: ick spälte den

Iesenbahner. As de Toch nu rankäm un de Lok ümrangierte, güng ick nu mit 'ne Ölkann an de Röer von de Waggons lang, makte de lütten Klappen up un druppte beten Öl dorin, bet ick so sachten bet an de Lok ran wier.

»Wat maken Se denn dor, Mann?« frög mi de Lokführer.

»Ick möt nah Schwerin, nehm'n Se mi mit?«

»Se sünd woll mall, Mann!« säd de Lokführer. »In Schwerin sünd de Amis, de nehmen Se gliek hopp!«

»In Schwerin is ook miene Fru, un dor sünd ook miene söben Kinner (ick öwerdreew wedder 'n beten), un ick möt dor hen!«

Na, he gäw nu nah. »Kumm rup!« säd he un schöw mi nah den Tender rin, up de Kahlen. He müßt denn mit siene Papieren noch nah den Bahnhoffskommandanten hen, de Heizer wier ook weggahn, un ick wier nu ganz allein up de Lok. Een sowjetischer Offizier käm un wull heet Water hebben, he dacht woll, ick wier de Heizer. Na, ick fummelte nu rüm, bet ick den Hahn funn'n harr, ick kennte mi doch nich ut up so 'ne Lok. Öwer he markte nicks. Ick wier em eben los, kämen acht junge Bengels antoslieken, alle in dütsche Uniformen. Se wiern ut Hamborg un wullen ook nah Hus. »Nimm uns mit!« beddelten se. »Is keen Platz«, säd ick. »Wi krupen in'n Watertank!« säden se, un ick künn gor nicks maken – se kladderten up den Tender un denn in den Watertank rin. Dat sähg god ut: se stünn'n dor bet an den Hals in dat Water, as würden dor lurer Kohlköpp up den Tender swemmen. Von ünnen wier 't ja nich to seihn, öwer von baben. Un dat duerte noch twei Stunn'n, bet de Lokführer un de Heizer nu wedderkämen un de Toch nu so sachten losführte. An de Grenz mang de Russen un de Amis käm nu 'ne Kontroll', öwer de keeken sick de Lok gor nich an, de güngen blots dörch de Waggons. Na, un endlich wiern wi denn in Schwerin. Dat Gesicht von den Lokführer vergett ick mien Lewdag nich. De keek as dat Dunnerwedder, as dor mit eens acht Bengels ut den Watertank krupen däden un quaddernatt üm mi rümhüppten un sick hoegten, dat s' wedder 'n Stück nähger an ehr Tohus rankamen wiern mit miene Hülp. Ick weet nich, ob de Amis ehr noch in Schwerin fastnagelt hebben odder ob se wiererkamen sünd.

Ick hüng miene Bahnermütz an de Lok un güng nah Hus. Ick wier nu to Hus. Min Fru dacht, ick wier von'n Hewen folln.

In Schwerin wier 't dull. Dat wier nu so bie End' Juni rüm, un de Lüd wüßten nu middlerwiel, datt de Amis aftrecken würden un datt de Sowjetarmee de Stadt öwernehmen würd. Na, de ollen Nazis, de noch dor wiern, de harrn ja nu Angst kreegen un sett'ten sick scharenwies nah den Westen af. Mennig wiern ook so verbiestert, datt se sick 'n Strick nähmen odder in 't Water güngen, se dachten, de Russen kämen nu mit'n blank Metz mang de Tähnen, so as ehr de Nazipropaganda dat biebröcht harr.

An 'n 1. Juli wier 't denn sowiet: De Amis tröcken af, un de Sowjetarmee käm. Nu würd ierst mal Orrnung in de ganze Verwaltung bröcht, un Erich Wiesner würd, ick glöw in 'n August, de ierste kommunistische Bürgermeister von Schwerin. Tja, de harr nu sin Daun! He müßt ierst mal de ganzen ollen Beamten afschaffen, de noch dor wieren un so daun däden, as wier gor nicks passiert. De Polizei würd entwaffnet un nieg upbugt. De Amis harrn sick um nicks kümmert. Se wiern eben de Sieger, un so hemm' se sick ok benahmen. De mokten keinen Ünnerscheid, för de wiern wi all Bloody Germans. Ihrer wier 't noch so, datt se de ollen Nazis wierer rümloopen leeten un de Kommunisten un Sozialdemokraten an 't Ledder wullten. Dormit wier nu Schluß.

Wenn ick nu dacht harr, ick künn mi nu up 't Malerwarden smieten, dann harr ick mi ierst mal sneden. Dormit wir so fix nicks. De Partei kreeg mi gliek to faten: »Corl, wi bruken di. Wi bruken jetzt jeden!« säden de Genossen, un dor hülp dat nix, wat sien möt, möt sien. Ick will dat nu nich all in'n eenzeln verteilln, wat wi för Sorgen harrn. Dat kann ein'n ganz god nahlesen in Erich Wiesner sien Bok »Man nannte mich Ernst«. Ick wier tomeist up'n Lann' togäng, un besonners, as wi de Bodenreform maken däden, käm ick Dag un Nacht nich ut den Antoch.

Öwer malt heww ick doch, wo ick blots künn, un se hebben mi denn ook in den Verband upnahmen. Vörmiddags güng ick *malern,* un nahmiddags *malte* ick; von söben bet twölf streek ick Finstern an, un denn güng ick nah Hus un malte miene Biller. Dat wier ook nich immer licht. Öwer ick höll mi an dat Millieu, dat ick kennen däd, ick malte de Landschaft, ick malte dat Leben up 'n Dörp, de Minschen, de as Niebuern dat Land in Besitz nehmen däden. Ick malte miene Mudder (un 't giwt Lüd, de wat von Kunst verstahn un dat Bild för mien best' Porträt hollen). Ick harr ook Fründschaften mit Malerkollegen, von de ick mi wat afkieken künn, un so nah un nah würden miene Biller beter un beter, un ick wier stolt dorup, datt ick mi dat meist' sülwst bibröcht harr.

In disse Tiet, as dat so vörangüng, as dat fast jeden Dag wat Nieges gäw, wat wi sülwst makt hadden, dor gäw dat in Schwerin ook kulturell 'n groten Upswung. Willi Bredel wier Vörsitter bie den Kulturbund, Ehm Welk wier Volkshochscholdirekter, bie dat Theater wiern Edgar Bennert un Lucie Höflich, 'n interessanten Minschen wier ook de »rote Domprediger«, Karl Kleinschmidt. Bredel drap ick eens up de Strat; he säd to mi: »Corl, schriew mal 'n Artikel för mien' ›Hüt un Morgen‹.« – »Was sall ick denn schrieben, Willi? Ick bün doch 'n Maler un keen Schriewer!« – »Schriew man öwer di sülwst!« säd he. Na, ick heww dat makt, un he druckte dat ook af. Wenn ick dat hüt lesen dau, so kümmt mi dat doch 'n beten wat komisch vör. Dat sall al bienah viertig Johr her sien, datt ick dat schreeben heww? »Was mich heute bewegt, ist, die Bindung des Kunstschaffenden an den arbeitenden Menschen herzustellen«, so steiht dat in den Artikel. Un ok, ». . . ihm die wirtschaftliche Sicherung seiner Existenz zu geben!« Kiek an! Hebben wi beides schafft!

Damals wier dat noch nich so eenfach mit de »wirtschaftliche Existenz«. Dor wier ick doch bannig froh, wenn dat Museum (den Direkter Heinz Mansfeld heww ick veel to verdanken!) mi 'n Bild afköffte odder wenn ick 'n Updrag kreeg för 'n Bild in 'ne Dörpschol odder 'ne MAS.

1949 kreeg Ehm Welk wedder mal Biller von mi to seihn, he kennte 'ne Menge un höll veel von mi, he harr 'n Narren an mi fretten. Nu dacht he woll, he müßt den Corl Hinrichs wedder mal wat to Leiw daun. He säd to mi: »Carl, du mußt studieren.«

Ick kreeg ja nu 'n bannigen Schreck, mit allens harr ick rekent, öwer studiern? Ick? Ick wier intwischen 'n ollen Kierl un güng stark up de Föfftig to. Öwer he harr ja allens inrührt, ahn mi to fragen. He harr mit Heinrich Ehmsen red't, he süll mi as Meisterschöler an de Akademie upnehmen. He schreew em denn, ick wier 'n reinen Autodidakten un harr dat »zu einem imponierenden Können« bröcht, un he müścht sick doch för mi insetten. Ick heww mi gegenstemmt, ick will 't man togeben. Ick wier ümmer gegen de »akademische Malerei« west, dat wier mi allens to drög, un ick dacht, datt ick dor nicks bie toliern künn. Öwer Welk würd bös mit mi, he schreew mi, he wull mi nich miehr ankieken, wenn ick de Möglichkeit nich nutzen däd. Un he säd mi noch wat, wat ick mi to eigen makt heww. He meente, ick süll nich öwer Malerie reden, ick süll malen. De Kunsttheorie, de sülln man de annern maken. Dat süll mi nich kümmern. »Bilde, Künstler, rede nicht!« repp he mi to.

Na, woll odder öwel – ick güng nah Berlin. Annerthalf Johr heww ick denn bie Ehmsen den Liehrling makt. Nee, schad't hett mi dat nich, dat müßt ick leigen. Öwer an miene Ort to malen hett't ook nicks ännert. Ick wier al sowiet, datt ick mienen eigen Stil harr un miene Eigenort, un Ehmsen hett dat ook inseihn, he hett ut mi ook keenen niegen Hinrichs maken wullt. Öwer so allerhand technische Saken, ook Perspektiv' und Anatomie, heww ick mitkreegen. Wer harr mi dat ook vörher biebröcht?

Ehmsen wier 'n ganz ümgänglichen Kierl. He wahnte in Westberlin un käm ümmer mit sienen witten Mercedes odder BMW odder wat dat för 'ne Korr' wier, öwer de Grenz. Eenmal säd he to mi: »Ach, mein lieber Hinrichs, kochen Sie uns mal einen Kaffee!« Dat ierst Mal kreeg ick 'n Schreck, ick verstünn nicks von Kokerie, ick hadd woll ümmer Angst, mi würr dat Water anbrennen. Un nu süll ick Kaffee koken. Na, ick heww dat makt, öwer ick heww woll toveel Kaffeepulver ranmakt. Dat wier so dick as Klütersupp un so stark as 'n Ossen. Ehmsen nippte an sienen Kaffee un makte 'n Gesicht as de Koh, wenn 't donnert. »Mein Gott, Hinrichs, was ist denn das für ein Getränk!« säd he verwunnert, un ick säd dorup: »Ach, Herr Perfesser, in Meckelnborg drinken s' all so 'n Kaffee!« Dor hett he dat nich wedder von mi verlangt.

Ehmsen harr öwer ook von mi wat liehrt. Ick harr 'n Bild malt un wier nu dorbie, dat mit Lack to öwertrecken. »Nur nicht so viel Lack, Hinrichs!« säd Ehmsen to mi. »Das glänzt ja so stark und macht Reflexe!« Ick harr öwer 'n Middel gegen dat Glänzen un de Reflexe, dat kennt' ick von eenen Münchner Maler, den ick up miene Fohrten drapen harr. Dat Middel wier 'ne ganz gewöhnliche Buddel Boddermelk. Dormit würd de lackierte Lienwand, nah dat Drögen, versteiht sick, instreken. Dat wier allens: dat Blanke wier weg. Dat kennte sülwst de Perfesser Ehmsen noch nich. He schürrte den Kopp un säd: »Man lernt nie aus!« Wat ja ook stimmt.

In mien'n föfftigst' Lebensjohr kreeg ick denn 'n Breif von de Akademie, dor stünn in, datt »auf Grund Ihrer Qualifikation Ihr Studium an der Akademie als beendet betrachtet werden kann«. So wier ut den Bengel von den Hinnenhoff nu ook up 'n Papier de Kunstmaler Corl Hinrichs worden. Dat harr nahsten föfftig Johrn duert, öwer, as de Volksmund seggt: Wat lang duert, ward toletzt god.

Dat sößt Johrteihnt

Dat schönste Flag von ganz Meckelborg, dat is för mi de Insel Poel. Ick heww up Poel veel malt, öwer ick heww dor ook veele Lüd kennenliehrt un immer wedder wat Nieges erlewt. De Geschichten, de ick dorvon vertellen künn, de kann ick gor nich all tellen. Dorüm will ick dat hüt bie twei Poeler Läuschen belaten. De ierst Geschicht bedriwwt de Fischersfru in Fährdörp, bie de heww ick woll noch »moralische Schulden«, un üm de aftodragen, kümmt Fru L. nu in dit Bok mit rin.

Fru L. wahnte in so 'n ganz olles, schönes Fischerhus, dat wier witt ansträken, de Dör un de Finstern wiern düster, un baben up dat Hus wier 'n grot' Ruhrdack up, dat deep öwer de Muern daltrocken wier as so 'ne Pudelmütz up 'n Bengelskopp, de beten to grot is. Dat Hus stünn fast un breet dor, mit 'n wunnerschönen Blaumengorden ümrüm, dor wiern Rosen in un Malven un Sünnenblaumen, dat wier de schiere Pracht. Un binnen in dat Hus hüng 'n Bild von Fru L. ehrn Mann, de vör poor Johrn storben wier. Dat wier nu nich blots 'ne Fotografie, nee, dat wier 'n grotes, schönes Porträt, in Öl malt. As ick dat Bild to 'n iersten Mal sähg, wier ick gliek begeistert. Signiert wier dat »Carl Clasen«. Clasen wier up Poel sotoseggen 'n Original, he wier bie de Fischers god anschräben un harr ook veele von ehr malt. Un een von disse schönen Biller hüng bie Fru L. in de gode Stuw öwer dat Sofa. Nee, wat 'n Bild! Clasen harr ook de Hänn'n besonners god makt, he wüßt, wat de Fischers mit ehr Poten för swore Arbeit maken müßten, un dat sähg man de Hänn'n denn ook up Clasen siene Biller an. Baben up den Kopp harr Fischer L. siene blaage Sünndagsmütz, un sien Bort gäw em so wat Würdevolles. Dat wier, glöw ick, grote Kunst. Carl Christian Clasen is in den letzten Krieg bleeben. Öwer em hett Fiete Meyer-Scharffenberg schreeben in sien Bok »De Insel Poel un de Klützer Winkel«.

Fru L. wier nu alleen in dat Hus. De Kinner wiern grot. De een Jung wier Fischer in Kirchdörp, wat de »Hauptstadt« von Poel is, un de anner wier Liehrer in Brüel. Se harr to leben, harr 'n Swien in'n Stall un Häuhner up den Hoff un in'n Sommer Urlauber ünner dat Dack, un de Rent dorto, dat langte för Fru L. Nu wull se, ick süll ehr Hus afmalen, se wull dat Bild een von ehr Söhns to Hochtiet schenken odder Hochtietsdag, ick weet't nich miehr. Ick bün denn ook an een'n schönen Sommerdag henführt, heww mi vör dat Hus up den Acker in dat Tüffelkrut hensett't un den Katen afmalt. Ick wier god in Swung, de Farw käm von allein, dat güng as sühst mi woll, un fardig wier ick. Ick güng nu to Fru L. in de Kök rin, wieste ehr dat natte Bild vör un säd: »Fru L., Ehr Bild!«

De Fru keek mi ganz verdattert an, denn keek se up dat Bild, denn wedder up mi, un denn frög se: »Wat denn, so fix?«

»Na, so twee Stunn'n heww ick brukt!«

»Un wat sall dat nu kosten?«

»Na, Fru L., ick mak Se 'n Fründschaftspries – seggen wie mal: dreehunnert Mark!«

Fru L. kreeg dat Slucken, rallögte as 'n Dösch, snappte nah Luft un stamerte: »W-w-wat, dreehunnert? För nich mal twei Stunn'n?« Se towte ut de Hoffdör un halte sick de Nahwersch to Hülp, dat wier so 'ne olle verdrögte Jungfer, de wier so bie lütten an de Achtzig ran un löp ümmer in'n grönen Bademantel rüm, se wier to ful, sick dagöwer antotrecken. De verstünn öwer wat von Geld, se wier fröher Sekretärin west bie Raiffeisen odder irgend so 'n Samenhannel. De keek sick nu dat Bild ook an, füng an, de Sak to bereknen un säd denn: »Dreehunnert sünd toveel. Dat heww ick mien Lewdag nich in een'n Mand verdeint, wat Se för twee Stunn'n hebben wulln!« Na, ick dacht bie mi: se möt ja nich. Un seggen dād ick: »Weiten S' wat, Fru L.? Se möten dat Bild ja nich köpen. Ick kenn Lüd, de geben mi glatt fiefhunnert. Öwer ick will Se 'ne Geschicht vertellen, viellicht begriepen Se dat denn mit den Pries. Dor wier mal vör poor hunnert Johrn 'n grotmächtiger Mandarin in Chinesien. De wull von ein'n berühmten Maler 'n Bild hebben. He gäw em den Updrag, 'n Pfau to malen (ick glöw, för Pfau giwwt dat keen plattdütsch Wurt, so 'n Veihtüg löppt up meckelnborgsch Buernhöw' nich rüm). De Maler, Dshi Pai-Shi hett de heeten, de halte nu 'n groten Bogen Reispapier rut – in Chinesien malen se ja up Reispapier –, un denn lickte he sienen Pinsel an, stippte em in de Tusch, un ratzbatz! wier de Pfau fardig. De Maler rullte nu dat Bild tosamen – in Chinesien rullen se ja de Biller ümmer so tosamen –, öwergäw dat den Mandarin un säd, he wull dusend Jen hebben. Dor keek de Mandarin so as Se, Fru L., eben ook keeken hebben, un säd, dusend Jen wiern tovel, soveel würd he, de Mandarin, in een'n Mand nich an Stüern innehm'n.

Dshi Pai-Shi keek nu den Mandarin mitleedig an un säd em, he, Dshi Pai-Shi, harr dörtig Johrn liehrt, bet he den Vagel so un so fix malen künn.

Dat sähg de Mandarin in. He löt sienen Schatzmeester halen un wieste em an, de dusend Jen uttobetahlen. Dor denken S' mal öwer nah, Fru L.!« Un denn grep ick mi mien Bild un güng. 't kem ook, as ick dat seggt harr: in Schwerin kreeg 'n Fründ von mi dat Bild to seihn.

»Was sall dat kosten, Corl?« frög he mi.

»Fiefhunnert!« säd ick.

»Afmakt, Corl!« säd he.

Ick vertellte em ierst de Geschicht' von Fru L. un säd em ook, dat ick in Wohrheit blots annerthalf Stunn' doran malt harr. He füng an to lachen un säd: »Dat is mi egol, Corl!« Un denn tröck he sien Breiftasch rut un tellte mi de fief Riesen hen. Un ick wier sichr tofreeden, nu hadd ick doch wedder beten Kies un künn mi dat günnen, wedder veer Weken nah Poel to gahn un de Fischers to malen.

Fru L. hett woll ook nahdacht. Se leet mi utrichten, se würr den Pries nu giern tahlen, un wenn ick dat Bild al verköfft harr, denn süll ick dat noch mal malen. Dat heww ick ehr ook toseggt, öwer 't is bet hüt hen noch nicks worden. Un dat sünd de »moralischen Schulden«.

Mit de Fischers wier dat so. De säten ümmer in ehrn Kraug. Dat heet: ümmer säten se dor natürlich nich, öwer wenn dat up See nicks to holen gäw, wenn dat grote Hitt odder grote Küll wier odder wenn dat Storm gäw odder Nebel, denn säten se dor. Se säten an den groten runden Disch in'e Eck, öwer sick de Lamp, vör sick 'n Koem odder 'n Grog, un de Piepen wiern in 'n Gloesen. Af un an makten se den Wirt 'n Teiken; se streckten den Dumen hoch odder wiesten em mit de Fingers – dat bedüd'te: Willem, noch 'n Grog; odder Willem, noch 'n Koem.

As ick se dor dat ierste Mal sitten sähg, jöckte mi dat gliek in de Fingern. De Kierls wiern ook gor to schön, de müßt ick malen. Ick güng nu an den Disch, tröck mi 'n lerrigen Stohl torecht un sett'te mi dal. Se keeken mi ganz verdutzt an, as wullten se Fritz Reutern sien schönet Gedicht upseggen: Wat wull de Kierl? Öwer seggen – seggen däd keen eener wat.

Ick leet mi nu ook 'n Koem kamen, treckte mien Teikentüg ut de Tasch un läd dat vör mi up den Disch. Nu keeken se noch verbaaster. De een, de hett een scheif' un een blaag' Oog, un een, de hett 'n Kopp, so veerkantig as 'n Teigelsteen, un 'n Bort, so stief un kratzerig as 'ne Drahtböst, de säd: »Wat büst du denn för ein'n?«

»Ick? Ick bün 'n Maler, wieder nicks!« antwurt'te ick.

Nu wier he platt, un de annern ook. Se wunnerten sick woll, datt ick platt snacken künn.

»Maler?« frög de Veerkantige. He harr twors noch so'n Knurren in siene Stimm', un ick dacht mi: Wenn hei fröggt, denn will he ook 'ne Antwurt, un so lang hest Tiet.

»Jo«, säd ick un lickte mienen Bliesticken an.

»Stubenmaler doch woll nich?« frög de mit dat scheif Oog.

»Nee«, säd ick nu wedder, »dat nu nich.«

»Schepenmaler?« frög de mit den Teigelsteenkopp.

»Nee«, säd ick nu wedder, »dat nu ook nich.«

De Fischers keeken mi all an, wunnerten sick öwer den frechen Doesel, de sick dor so batz an ehrn Disch setten daun däd un sick musig makte.

»Willem, fief Koem!« säd de mit dat scheif Oog un makte so 'ne Handbewegung rund üm den Disch. De Wirt käm mit de Buddel, un ick kreeg ook een'n inpütt't. Hä! dacht ick bi mi.

»Doch nich – Billermaler?!« säd de Veerkantige un höll sienen Kopp scheif.

Ick nickte. »Jo, Billermaler!«

Nu wiern s' all boomstill. De een polkte in siene Piep, de anner dreihte mit den Koemstamper up de Dischplatt rüm, de drütt griente, un de mit dat scheif Oog säd: »Billermalers hebben wi hier up Poel al veel hatt. Öwer 'n Billermaler, de plattdütsch reden kann, so een'n hadden wi ierst ein'n!«

»Doch woll nich Corl Clasen?« frög ick nu un säd noch: »De Clasen, de all de schönen Fischerköpp' malt hett?«

Un dormit harr ick gewunnen. Datt ick den Clasen kennte un datt ick ook wüßt, datt he de Fischerköpp malt harr, un datt ick nun ook noch plattdütsch reden künn – datt wier Utwies naug för de Fischers von Poel. Willem güng nu wedder mit de Koembuddel rüm, un ick säd denn »Prost!«

»De Prost seggt, de betahlt!« säd de Veerkantige. Un ick antwurt'te: »So is dat woll, un denn willn wi dat ook so maken!« Von den Dag an tippten se an de Mütz, wenn ick ein'n von ehr up de Strat drapen däd.

Twee von de Fischers heww ick denn ook malt.

Ierst den mit dat scheif Oog.

»Sall mien scheif Oog ook mit up dat Bild?« frög he mi. Ick säd: »Kiek mal, Hinnerk« (he heet Hinrich), wenn du nu morgens in'n Speigel kiekst, wat sühst du denn?«

»Na, mi, du Döskopp!«

»Tja. Un baben up dienen Kopp?«

»Miene Hoorn!«

»Un ünnen an dienen Mul?«

»Mienen Bort!«

»Un midden in diene Laweih?«

»Miene rode Näs – öwer dat Rode, dat is von dat Wäder up See, nich von den Koem as bie Willem!«

»Weet ick doch. Un wenn ick di nu malen dau, denn möt dat doch all mit up dat Bild rup, diene Hoorn un dien Bort un diene rode Näs. Süss is dat doch 'n ganz annern Minschen. Odder?«

»Dat stimmt!«

»Na, sühst du. Un deswegen möt dien scheif Oog ook mit rup.« He öwerleggte 'n Moment, wäuhlte sick in sienen schönen breeden Bort un säd denn: »Ay, ay, Maler. Wat möt, dat möt!«

Un so käm Fischer Hinnerk Harms sien scheif Oog up dat Bild. Öwer de Fischers hebben de Gewohnheit, vör dat scharpe Licht up See de Oogen ümmer 'n beten tosamentokniepen. Un dat makt, datt dat scheife Oog gor nich so dull to seihn is.

Eenmal säten wi wedder üm den runden Disch bie Willem, blots een von de Fischers fehlte, de wier krank, harr wol de Gripp odder süss irgend so 'n Takeltüg, Podegra odder Schieterie, is ook egal.

De Gaststuw wier vull; 't wier Sommertiet, un Poel un de »angrenzenden Ländereien« wiern vull mit Berliners un Sachsen, keen Stohl miehr to kriegen in den Kraug, bet up den, up den süss de sät, de dor ümmer sät un de nun krank wier.

Duerte ook nich lang, dor käm so 'n spillerigen Minschen an'n Disch, makte 'n Deiner un frög: »Isd der Schduhl wohl noch frei, biddesähr?«

Fiete Bradhiering, de Wurtführer, hievte siene Näs ut sienen Koemstamper, keek den Minschen nipp an, dreihte denn sienen Kopp up mi to un säd: »Wat hett he seggt?«

»Ob de Stohl noch frie wier, wull he weiten!«

Fiete senkte siene Näs wedder in sien Zielwater un säd: »Denn segg man den Utlänner, datt dor de sitt, de dor ümmer sitt, blot hüt sitt he dor nich, wiel he hüt dor nich sitt!«

Ick verhochdütschte dat nu den Mann, öwer de begrep dat nich.

»Denn isd der Schduhl also nu frei, sozusagen?«

»Wat wull de Kierl denn noch?« frög Fiete, un ick müßt em dat wedder öwersetten.

»Frog em doch mal, wunäf he kümmt.«

»Woher, bitte, kommen Sie denn?« frög ick nu hochdütsch.

»Aus Leipzsch!« anterte de Kierl un höll sick an de Stohllehn fast.

»He kümmt ut Leipzich!« verdolmetschte ick dat Fiete, un de Fischers makten nu 'n Gesicht, as harr ick von Tasmanien red't odder von Füerland.

»Un wat will he hier up Poel?« frög Fiete wieder.

»Kapitän Bradhering möchte wissen, was Sie hier auf Poel wollen!« öwersett'te ick.

»Oh«, säd de Utlänner un stütt'te sick al ganz swack up den Stohl un keek so längs de Näs; sachten markte he woll, wat wi mit em makten. »Isch will misch erholen!« säd he veniensch.

»Wat will he?« – »He seggt, he will sick erholen!« – »Erholen? Wat is denn dat?«

»Kapitän Bradhering möchte gern wissen, was Sie unter ›erholen‹ verstehen!« öwersett'te ick nu wedder, un ick markte, dat de Kierl sachten fuchtig würd.

»Dorf isch misch nu hier niddersätzen oder nisch?« säd he un keek gnittschäwsch ut siene lütten Oogen.

»Wat hett he seggt?« frög mi Fiete in sienen deipsten Seelenfreeden. Ick öwersett'te em dat, un Fiete schürrte mit sienen Kopp. »Hier sitten blots Kapteins!« säd he. »Segg em dat!«

»Hier sitzen nur Kapitäne!« säd ick to den Utlänner. De wier nu beleidigt un güng af. As he kort vör de Dör wier, reep Fiete em nah: »He, Utlänner, kumm, sett di hen, 't wier ja man blots Spaß!«

Dor dreihte sick de Kierl üm un säd: »Nein, danke, nu is mir der Abbedid vergangen!«

»Komischen Minschen, dat!« säd Fiete Bradhiering un hievte sick 'n Sluck to Liew. »Denn harr he jo gor nich ierst fragen brukt!«

So liehrte ick dörch miene Malerie de Minschen kennen, un de Minschen wedder bröchten mi up gode Inföll för miene Biller. So wier dat ook in Wittenförden bi Schwerin, wo ick god anschreeben wier. Dor harr ick den »Swiensgeneral«, den Schweinemeester Richard Thieß malt, wat schon wedder 'ne Geschicht' för sick is, de ick nahsten denn ook noch vertellen will. Un ick harr ook den schönen Charakterkopp von den Bubrigadier Paul Lembcke malt, so 'n richtigen Arbeiterkopp, öwer ook mit meckelnborgsche Tög. Diss Minsch nu verhülp mi to so 'ne Ort »Wittenförder Rhapsodie«, de sick an'n Frugensdag afspält hett, dat mag so 1962 rüm west sien.

Dat Telefon güng, un an dat anner Enn' von de Quasselstripp wier de ratlose Stimm' von mienen Wittenfördener Fründ Paul Lembcke to hürn. »Corl!« weimerte he mi in 't Uhr, »Morgen is Frugensdag, un ick heww dat doch glatt vergetten, un nu kein Programm! Un bie uns in'n Dörp hebben wi man blots den Kinnerchor, öwer de Frugens in uns LPG willn ja ook mal wat anners seihn un ook mal de Höhen der Kultur erstürmen, wenn du versteihst, wat ick mein, un du kennst doch so veel Lüd von dat Theater un so Künstlers odder Sängers odder Schospälers, kort un god: Corl, du büst miene letzte Reddung!«

Dor künn ick ja nicks anners as grienen. »Paul«, säd ick to em, un ick künn mi dat richdig vörstellen, woans he sick mit sienen karierten Daschendok den Sweit afwischen däd, »Paul, du glöwst doch nich in'n Iernst, datt hüt, een'n Dag vör den Frugensdag, noch een Künstler to hebben is! De hebben doch all ehr Mucken längst klor! Nee, Paul, dat ward nicks!«

Paul kreeg bienah dat Rohren. »Oh, Corl, wat mak ick blot, wat mak ick blot!« reep he mit bewerige Stimm. »Mien Wiewer maken mi doch fix un fardig! Bedenk mal! Frugensdag, de gröttst Fierdag in dat niege Frugensleben, un denn vergett de Brigadier de kulturelle Ümrahmung! Wat mak ick blot, wat mak ick blot!« Na, nu wier 't 'ne korte Tiet still in den Hürer, un denn säd he, so 'n beten viegelinsch un as wenn em dat eben ierst infollen wier: »Segg mal, Corl, un wenn du nu kümmst?«

As hadd ick mi dat nich dacht! »Tja, Paul« säd ick, »kamen kann ick woll, blots: wat sall ick maken?«

»Och, Corl«, säd he, »du künnst doch 'n poor von diene plattdütschen Stories vertellen un wat du so allens belewt hest un wo allens so is! Singen brukst ja nich!«

So kreeg he mi denn to faten. Na, ick dacht, allein kannst dor nich hen. Dat geiht nich. Du brukst noch 'ne Hülp. Na, de kreeg ick denn ook, denn uns' Verbandssekretärin Edith, de schreew ook so lütte Geschichten up un künn dat ook ganz god vördrägen, de nähm ick mi mit. Se wull ierst gor nich, denn se wier 'n Dag vörher bie ehrn Tähndokter west, un de hadd ehr twei Vördertähn'n ruttrocken, un nu nuschelte se 'n beten, öwer ick kreeg ehr rüm un säd ehr, se künn sick ja an dat Rednerpult stellen un denn schön wiet af von de Frugens in den Saal, denn würd dat gor keiner marken. Na, nu güng dat denn los, un wi beid' führten hen nah Wittenförden. Dor täuwten se al up uns. Toirst käm 'n Frugensminsch von den DFD un höll 'ne bannig scharpe Red' öwer de internationale Frugensbewegung un dat de Frugens nu öwerall miehr to seggen hebben müßten un so. Denn käm de Kinnerchor, de geföll mi schon beter. Un denn kem Edith mit ehr Tähnlücken. Un de makte ehr Sak ganz wunnerbor. Se tröck ümmer so'n beten de Öwerlipp dal, datt kein ein ehr Gebreken bemarken däd, un dat klüng ook so richtig meckelnborgsch. Un denn käm ick. Ick müßt up de lütt Bühn' rupkladdern, dorr harr Paul mi so 'n Pult upbugt. Nu dachten s' woll, ick wull ook noch 'ne Red hollen, öwer nee, dat künn ick nich. Öwer ick künn wat anners, ick vertellte so 'n poor Stories ut mien'n Malerleben un 'n poor von miene Spröckbüdelien, de ick so in'n Kopp harr, un denn kann ick ja ook noch 'n poor von de berühmten Tarnowschen Läuschen utwennig. Besonners giern mücht ick »Dat Tauprosten« lieden, disse snurrige Geschicht', wo de beiden »Vullmatrausen Christoffer Bull un Hinnerk Klausen« in dat Hotel »Continental« an de »Essenz« geraden un dat för 'n niegen Koem hollen däden. Na, ji kennt dat Spillwark ja all, dat gehürt ja sotoseggen to de meckelnborgsche Nationalliteratur. Un ümmer, wenn nu de beiden Matrosen in dat Gedicht sick toprosten deden, käm ook mien Paul mit de Koembuddel up de Bühn, un ick müßt ein'n nehmen. Ick glöw, ick wier mit dat lange Opus noch gor nich to Enn', dor wier ick al lütt beten dun. De Frugens in den Saal wiern nu al bannig fidel, un de poor Mannslüd würden nu to 'n Danzen ranhalt, as sick dat ja an'n Frugensdag ook hürt. Mi kreegen s' ook bie den Wickel, 't hülp ja nicks. Toletzt grep mi so 'n Frugensminsch mit original meckelnborger Mamsellenfigur, de harr so 'n Bostkasten an'n Lief, dat ick bi dat Danzen gor nich mit miene Been up den Footbodden langen künn. Paul, de Himmelhund, stünn an den Rand von den Saal, stemmte de Hänn'n in de Sieden un wull sick dallachen. »Dat sähg ut, as wenn du ehr de Sünn'n von'n Lief wegrieten wullst!« säd he to mi.

Annern Dag hadd ick 'n sworen Kopp, un denn klingelte dat oll' Telefon, un Paul wier dor an un säd, nu öwer gor nich miehr kläglich, sonnern miehr mit so 'ne Siegerstimm': »Corl, weitst du, wat miene Frugens seggt hebben? Dat wier de schönste Frugensdag siet langem, un nächst Johr kümmst du wedder!«

Un in de Tieding stünn: »Carl Hinrichs diskutierte mit Wittenfördener Genossenschaftsbauern über Probleme des Realismus!« Kiek an.

Üm disse Tiet heww ick ook den Schweinemeister Thieß malt. Dat Bild käm up 'ne Utstellung in de Nationalgalerie nah Berlin, un Thieß würd inlad't, sick de Utstellung antokieken. He hett mi denn vertellt, wo dat togüng.

»Ick heww mi neben dat Bild stellt un to de Lüd seggt: Dat bün ick, un de Schweriner Maler Corl Hinrichs hett dat malt!«

»Un wat säden de Lüd dorto?«

»Je«, säd Richard un griente, »de Lüd keeken mi an un dat Bild un wedder mi, un denn säden s': Üm de Uhrn stimmt dat Bild!« So wat möt man sick nu seggen laten. Öwer de hett ja ook 'n Poor Uhrn, de sünd nich to öwerseihn. Un he is mien Fründ, he dörf dat.

Dat söbent' Johrteihnt

Na, mit de Wiel käm ick nu in de Johrn.

De Sößtig harr ick achter mi, un nu stüerte ick up de Söbentig to, öwer in de »Würde des Alters« künn ick mi noch nich so recht fäuhlen.

't wier immer fidel, wenn wi in uns' Stammlokal, »Café Prag«, sitten däden. Dunntomalen gäw dat dor ook noch dat richtige »Pilsner Urquell«, un dat smeckte god, mit 'n lütten Koem dorto besonners. Un wenn denn noch 'n poor Frünn'n dorbie wiern, mien oll Scholkamerad Ule Hacker taun Biespill, odder mien Malerfründ Franz Niebuhr, denn gäw dat ümmer veel to vertellen, un mennigmal hebben wi ook bannig Undög dreeben as so 'n poor junge Bengels, un de Lüd, de uns nich kennen däden, de langten sick an den Kopp, öwer de, de uns kennten, de grienten un säden blots: »Disse Künstler, ts, ts, ts!«

Ule Hacker wier ja nu keen'n Künstler, he wier Bootsbuger un 'n dullen Kierl. Twors wier he nu 'n beten öller as in de verleden Tieden, as wi in de Landriederstrat Krieg speelten, öwer dat wier ook allens, woan he sick verännert harr! He harr ook ümmer wat up Lager. Wi säten wedder mal in'n »Café Prag«, dor käm Ule rin un säd to mi: »Corl, ick will di mal wat vertellen. Wi beid' gahn nu hen nah de ›Theaterklaus'‹, un wenn wi dor rinkamen, denn krupen de Theaterlüd all up den Fautboden rüm!«

He wier up de Theaterlüd nich god to spreken; he meente, se wiern all öwernäsig un würden up em, den lütten Bootsbuger, dalkieken. Dat stümmte schon dunntomalen nich, un hüt mücht ick woll den Künstler seihn, de up 'n Bootsbuger dalkiekt, besonners bie uns in Schwerin. Disse Ort Lüd sünd, as ook de Ruhrdachdeckers un de Fliesenleggers, hüttodags so 'ne Klass' för sick, dor krupen woll miehr de Künstlers, glöw ick. Öwer he bill'te sick dat in. Na, ick griente un säd to em, dat ick em dat nich toglöben däd. »Denn könn'n wi ja wedden!« säd Ule un wrangte sick tofreeden de Knöwel, denn wedden däd he för sien Leben giern.

So makten wi denn de Wedd' fast, un Franz Niebuhr slög dörch. 't güng üm 'ne Buddel Wien, denn Ule Hacker wier 'n groten Wienfründ. Un denn makten wi uns up de Socken, swenkten in de Salzstrat rin un hen nah de »Theaterklaus'«. Dat wier dat Lokal, wo all de Schospälers und Sängers un de ganzen annern Theaterlüd verkiehren däden.

In de sößtiger Johrn sähg dat Quartier twischen Slottstrat un Groten Muur, Puschkinstrat un Werderstrat noch ganz anners ut as hüt. Dat wier dat öllste Schwerin, dor stünn'n lurer Fachwarkhüser, weck wiern ook al an'n Tosamenbreken. Gäw dulle Ecken dor in'n Lütten Muur, in 'n Tappenhagen, in de Glaisinstrat, un woans de Straten all heeten däden. 't wiern man smalle Tüschen, öwer ganz gemütlich sähg dat doch ut, ick heww dor veel teikent. Hüt is dat all nieg upbugt. – Öwer ick wull ja von de Wedd' vertellen.

As wi nu in de Theaterklaus' rinkämen, tröck Ule Hacker sien Portjuchhe ut de Tasch, as wenn he nahkieken wull, ob he ook noch naug Müs in harr. Un dorbie makte he so 'n Slenker, un wupp! flög dat ganz lütt Geld up den Fautborden un rullte ünner alle Dischen un Stäuhl, datt dat man so klapperte.

Toierst, as wi in de Dör kämen, dor keek uns keen Minsch an. De Theaterminschen sünd ja ümmer bannig grot bie dat Diskutieren un Debattieren, de Baud wier blaagquöst as de Fischerkraug up Poel, un 't wier 'n groten Larm in dat Lokal. Öwer nu, as dat öwerall klimperte un rullte, dor wiern s' boomstill. Un wat sall ick seggen: Ule Hacker harr sien Wedd' gewunnen, denn de Schospälers un Sängers un ook de Operndirekter, de kröpen ünner de Dischen un Stäuhl rüm un söchten Ulen siene Pimperlings wedder tosamen. »Sühst du, Corl, se krupen!« säd Ule tofreeden, un ick wier de Buddel Wien los, dat heet: wi hebben se tosamen lerrig makt, gliek an Urt un Stell'.

Na, mennigmal harrn wi ook 'n lütten an 'ne Klapp. Franz Niebuhr un ick sünd mal up den Infall kamen, dat Lokal to wesseln. Wi harrn beid' grad 'n Bild verköfft un god wat innahmen. Un dat wullen wi nu fiern. Öwer de Schweriner Lokalitäten wiern uns nich god naug, nee, wi wullten nu nah Wismer hen. Dor sünd wi denn mit 'ne Tax führt. Dor is ja doch nicks bie, öwer man wi führten as Graf Koks, jeder in eine Tax, Franz in ein' un ick in ein'! Un denn hebben wi beid' in Wismer bannig ein'n afbäten und denn wedder mit twei Taxen trüg. Franz in ein' und ick in ein', jawoll!

Wenn wi in 't »Café Prag« säten, denn hebben wi uns immer de düllsten Geschichten vertellt. Eenmal harrn wi 'n Schriftsteller an unsen Disch, ick weet nich miehr, wecker dat wier. Den hebben wi öwer Angst injogt! Franz vertellte up hochdütsch so 'ne lütt Geschicht', öwer ick will dat man hier up platt weddergeben. Also, dat güng so.

Een Schriftsteller wier storwen. He harr veele gode Böker schreeben un groten Erfolg dormit hadd. Na, nu wier he dot. As een Johr rüm wier, käm Gevadder Hein bie em up den Kirchhoff vörbie, kloppte an sienen Graffsteen un frög: »Na, mien Fründ, willn wi mal beid' nah Stadt gahn un eens kieken, wat diene Fru makt?« – »Ja, giern!« säd de Schriftsteller un hoegte sick öwer den Utflug. »'t is ja ook langwielig, immer so alleen in den ollen Sarg to liggen.« Na, se güngen nu beid' los, un de Knakenkierl wieste mit siene Hipp' up dat Hus. »Dor, wo de breeden Finster sünd, dor hest doch wahnt?« frög he.

»Ja, dat stimmt!« antwurt'te de Schriftsteller un wunnerte sick al, datt dor alle Lampen an wiern un 't wier ook Musik to hürn un Högerie.

»Dat is doch dien Fru, de dor so schön fiert?« frög de Dod. De Schriftsteller makte sienen Hals lang un müßt dat ja denn togeben. »Jo, dat is se!«

»Un de Kierl, de ehr dor so bie lütten an den Achtersten langt, kennst den ook?«

»Nee«, säd de Dichter, »den kenn ick nich. Dat is ja 'n Ding! Eben is man dot, gliek snappt sick dat Wief 'n annern un makt sick 'n lustig Leben!« He schürrte mit den Kopp. »Woans betahlt se dat blot allens?«

»Dat makt se licht!« säd Gevadder Hein un güng mit den Dichter nah den Kirchhoff trüg. »Se hett ja al de söbent Uplag!«

Franz Niebuhr griente, he künn so schön grienen, un denn säd he noch: »Sühst, Dichter, dat kann uns Maler nich passiern. Wenn wi dot sünd, denn malen wi nich miehr!«

Nee, malen möt man, solang man lewt. Möt ja nu kein'n denken, wi hebben ümmer blot in 't »Café Prag« säten un Witze makt. Ick heww in disse Johrn veel arbeit't, ook veel in Aquarell heww ick malt. Un Utstellungen gäw dat ook veel, un oft hebben mi ook Brigaden inlad't, ick müßt denn ut mien'n Leben vertellen odder öwer miene Malerie, un so kreeg ick öwerall Fründschaften.

Öwer nu möt ick ierst noch mal wat vertellen, wat ick al ankünnigt heww – de Geschicht', wo ick Tante Emmi wedderdrapen däd. Dat gehürt jo in dit Johrteihnt mit rin.

1924, kort nah de Inflation, wiern Ede Wulff un ick ümmer bie Tante Emmi in so'n lütt Lokal bie den Hamburger Fischmark »in Pension«. Ick heww dat al vertellt: wenn wi Arbeit harrn, denn betahlten wi uns' Eten un Drinken, un wenn wi kein harrn, denn arbeit'ten wi dat Eten bie ehr af. Tante Emmi wier dunntomalen 'ne staatsche, öwer ganz manierliche Fru, se wier so bie fiefundörtig odder viertig Johrn olt. Ehr Mann harr nicks to mellen, Louis hett he heeten, un dat Lokal hürte em ook to, 't stünn ook buten öwer de Dör anschreeben: »Bie Louis. Destillation – Restaurant«. Dat schönste an dat Lokal wier so 'n Musikautomat, so 'ne Ort von elektrisch' Klavier, mit grote Messingplatten, wo de Musik instanzt wier un de sick sachten dreihten un dat afspälten, wenn ein'n 'n Groschen in dat Diert rinnesmät. Un up ein von de Platten wier de Ouvertüre to »Dichter und Bauer«. Dat harr mien Vadder ümmer so giern hatt, dat Stück, un he künn dat so wunnerbor up ’n Klavier spälen. Un ick künn dat ümmerto anhürn, wenn ick Geld harr, denn gäw dat nicks anners: »Dichter und Bauer« un ümmer noch mal. Louis stünn achter den Tresen un tröck ’n scheew Mul. »Spälen Se mal wat anners, junger Mann!« säd he to mi. »Miene Gäst’ willn doch nich blots ümmerto datsülwig Leed hürn!« Öwer Tante Emmi begäuschte em un säd: »Ierstens betahlt he dat, un wenn he dat fiefmal hürn will, denn möt he dat ook fiefmal betahlen. Un tweitens hett he Heimweh, un dor helpt em dat. Un dorvon versteihst du nicks, Louis, un wurvon du nicks versteihst, dor sallst du dat Mulwark von hollen!« So ’ne Fru wier dat, de Tante Emmi.

Öwer nu man wedder trüg in de sößtiger Johrn. Ick hadd wedder Heimweh, öwer ditmal nah Hamborg. Ick dacht bie mi: mötst di dit doch all wedder mal eens ankieken, den Fischmark un Sankt Pauli un de ganze Gegend, wo ick as junger Kierl mien Brod verdeinen müßt. Na, ick stellte nu ’n Andrag, kreeg ook de Genehmigung, Rentner wier ick ja al; un denn köffte ick mi noch ’n ganz dullen, niegen Antog, knütt’te mi ’n Slips üm den Hals un führte los. Ick drep veele olle Bekannte in Hamborg, un se hoegten sick ook all, datt se mi wedderseihn däden.

Un denn, as ick al wedder nah Hus führn wull, dor föl mi dat in, datt ick doch mal eens in de Seilerstrat bie den Fischmark kieken künn, ob dat woll noch Tante Emmi ehr Lokal gäw. Bienah künn dat woll nich mäglich sien, denn dat wiern ja nahsten viertig Johrn her. Öwer as de Minsch sick dat in sienen Kopp sett’t, so möt dat ook makt warden. Na, ick güng denn ook den letzten Abend los.

Un wat sall ick seggen: dat Lokal wier noch dor! Dat wier doch woll nich to faten! Wat wier doch allens passiert in de viertig Johrn! Öwer dat stünn so öwer de Dör, as dat dor in de twintiger Johrn ook stünn: »Bei Louis – Destillation – Restaurant – Feine Weine und Liqueure«. Na, nu wüßt ick ja Bescheid. Rin! Binnen wier nu allens ganz anners. De Musikautomat mit de groten Messingplatten wier nich miehr dor. De Tresen stünn ganz anners lang un sähg miehr as so ’ne

Bor ut, allens wier bannig upfidummt un up nobel trimmt, un achter den Tresen stünn 'ne elegante öllere Dam' mit hohg uptörnte witte Hoorn, un se harr so grote rode Kugeln an de Uhrn to bammeln. Twee odder dree Gäst' wiern ook dor un hukten up so 'ne hohgen Hüker vör den Tresen, un ick kladderte ook up so 'n Schemmel. Ick sitt nich giern up so 'n Ding: ick weet denn ümmer nich, wo ick miene Bein' laten sall, un denn is mi dat ook beten grugelich, so hohg to sitten, ick denk mi ümmer, datt man dor ook deip rünnerfolln kann, wenn man 'n lütten in 'ne Jack hett.

»Was wünschen Sie, mein Herr?« frög mi de Bordam up so 'ne Ort Hamborger Fiendütsch, un ick säd: »Ach, geben S' mi man 'n Düjardeng!« Düjardeng wier grot in Mod', dat wier so 'n Wirtschaftswunnersluck.

»Aber bitte sehr, mein Herr, einen Düjardeng sollen Sie haben!« säuselte de Madam un gluckerte mi een'n in.

»Künn ick Se mal wat fragen?« frög ick ehr. Un se keek mi so plietsch an un wunnerte sick woll öwer mienen meckelnborgschen Tonfall.

»Ja, gern!« säd se.

»Ick wunner mi so bie lütten, datt dat hier alls so anners utsüht!« säd ick nu. »Ick kenn dat Lokal so ut de twintiger Johrn, dor heww ick hier veel verkiehrt, tosamen mit mienen Fründ Ede Wulff, un dor wier hier Tante Emmi, de dat Seggen harr, un de Besitzer hett Louis heeten . . .«

Se makte dat Mul so wiet up, datt ick ehr schönen goldenen Tähn'n seihn künn, un glupschte mi an as 'ne Katt vör 't Muslock. »De Tante Emmi, dat bün ick doch!« säd se denn. »Mien Mann is al lang dot, öwer ick bün immer noch dor! In de twintiger Johrn, seggen Se?«

»Jo, wi wiern de beiden Schweriner, de ook mal bie Se hulpen hebben, Bier anstecken un Tüffeln ranhalen un Fleesch von den Mark, un wenn wi kein Geld nich harrn, üm dat Eten to betahlen, denn hebben Se uns ümmer dat geben, wat in de Kök öwerbleeben wier!« Tante Emmi grüwelte ümmer noch un müßt sick woll ierst viertig Johrn trüg besinnen, dat wier ja ook 'ne bannig lange Tiet, wat wier dor all west in all de

Johrn, un Tante Emmi müßt ja nu ook so bienah an de Fiefunsöbentig odder gor an de Achtzig ranwesen. Un de Kierl, de dor an ehrn Tresen sät un Düjardeng drinken däd, de harr sick ja ook verännert, he harr nu griese Hoorn un 'ne Brill up de Näs, un he harr 'n fienen Antog an un harr 'n witten Kragen üm un 'n fienen Slips, un vör viertig Johrn, dor wiern de Hoorn noch swatt, öwer de Jack un de Bücks wiern afschüert un flickt. Öwer se kreeg dat doch rut. Se haugte sick up eenmal de platte Hand vör de Snut, kreeg nu Kullerogen un rallögte 'n beten, dreihte sick denn üm un reep in de Kökenklapp' rinne: »Adele! Adeele! Adeeeele!«

Adele, dat wier ehr Dochder, de wier dunntomalen so 'n spillerig' Gör von Johrener teihn odder twölf, un nu wier se 'ne staatsche Dam' in de Föftiger, upfidummt as 'ne Fregatt', mit schön frisierte, kastanienbrun farwte Hoor, de käm nu ut de Kök. »Adele, stell di dat mal vör!« säd Tante Emmi. »Dieser Herr hier war vor vierzig Jahren mit seinem Freund Ede Wulff immer hier bei uns, sie haben damals als Anstreicher bei Blohm & Voß gearbeitet, das waren zwei Mecklenburger ... Nee, so wat! Un kümmt nu nah viertig Johrn hier so batz rin un bestellt sick 'n Düjardeng! Da müssen wir aber nu gleich noch einen auf trinken, müssen wir da!« Se pütt'te gliek drei so 'ne vörnehmen Swenker bet baben an vull.

»Un weiten Se denn ook noch, wo ick heet?« frög ick ehr nu. Un mi sall de Slag drapen, wenn ick nu leig – se nickköppte mit ehrn witten Kopp, datt de Uhrnklunkern man so flögen, un säd: »Corl Hinrichs heiten Se, un ›Dichter und Bauer‹ hebben Se ümmer up den Automaten spält!« Se wier ganz glücklich, datt ehr dat infolln wier. Na, nu güng 't Klönen los, un denn frög se mi, wat ick nu maken däd.

»Ick bün ümmer noch Maler!« säd ick to ehr, »man blots, datt ick keene Schepen miehr anstreken möt. Ick bün Billermaler!«

»Billermaler is he word'n!« reep se ut un slög ehr Hänn'n tosamen. »Un wo wahnen Se?«

»Ick wahn in Schwerin!«

»In Schweri-en? Das liegt ja in der Zoffjetzone!« säd se.

»Nee«, säd ick nu, »Tante Emmi, dat heet nich Zoffjetzone, dat heet ›DDR‹!«

»Pardong, pardong, dat is mi nu so rutrutscht, se seggen dat hier alle so. Also in der DDR! Nee, so wat! Sünd Se denn ook verheurodt?«

»Jo ick heww vör twei Johrn dat tweit mal heuradt.«

»Nee, so 'n Pech«, säd Tante Emmi. »Adele, guck ihn dich an, wär das nich 'n Mann för dir gewesen? Un Billermaler isser auch! Szu dumm isses aber auch!«

Un denn malte se mi nu ut, wat ick dat doch god bie ehr un ehr Dochder hebben künn. Blots Beer anstecken müßt' ick, süss nicks, de Kierl, de dor bie ehr arbeiten däd, dat wier 'n Gammler, de wier to dusselig to 'n Bieranstecken un to ful, öwerhaupt wat to daun. Un denn halte se nu ehrn Privatkonjack ut ehr Schapp, dat wier öwer 'n anner Stück Brammwien as de dömliche Düjardeng, dat wier echten Konjack ut Konjack, säd se mi un wieste mi de korte, brune Buddel, de baben richtig mit 'n Korken tomakt wier un bie dat Inpütten so leiwlich gluckerte. Un denn hebben de beiden Wiewer mi so dun makt, as ick in de letzten twintig Johrn nich wier. Oh, Mann, wat wier ick dun! Ick weet blots noch, datt ick ehr dat utreden müßt mit ehr Dochder un datt ick ehr verspreken däd, ick würd ehr 'n Blaumenstück för ehr Gaststuw ut Schwerin mitbringen, wenn ick dat nächstmal käm.

Ick heww dat ook makt, as ick poor Johr later wedder henführte. Öwer dat Lokal wier nich miehr dor, dat Hus wier afretten, 'n Supermarkt harrn s' dor henbugt, un keen een Minsch kennte Tante Emmi . . .

Mit de Wiel wier ick nu in so 'n Öller kamen, wo de Minsch 'n Flag up Ierden brukt, üm sick ook mal betten aftosetten von dat Olldagsdrieben. Un ick dacht bie mi, datt ick 'n grotet Atelier bruken däd. Dat güng all nich miehr so recht mit de Malerie in de Stuw odder in de Stadt. Ick brukte miehr Luft üm mi rüm, un 't wier mi ook to ümständlich, ümmer ierst ut 'n Hus to gahn un 'n poor Kilometer Stadtverkehr achter mi to bringen, wenn ick mal eins in de Landschaft wull. Un so köffte ick mi mienen Heidekaten. Dat wier jo tworst toierst 'ne dulle Wörgerie, bet ick dat olle Hus so sachten henkreegen heww, as ick dat wull. Ji kennt dat ja all: mal giw't dat nich, un denn wedder giw't dat nich, un denn brukst 'n Murer, un denn wedder 'n Timmermann, un denn 'n Ruhrdecker, blot 'n Maler brukte ick nich, dat heww ick all allein makt.

Dat Best an mienen Katen is de oll Kauhstall. Kümmst von achtern in mienen Katen dörch de Grotdäl, denn is gliek links so 'ne olle Dör, un dor achtern bün ick. Wenn ick dor bün. Meist bün ick öwer dor. Dor heww ick veel Platz. Vörher wier dat den Buern sien Stall, dor harr he sien Veihtüg to stahn. De Deck is nich hoch, öwer de groten Finster gahn nah Nurden un Westen 'rut, ick heww veel Licht; de Wänn'n heww ick witt ansträken un denn all miene Biller dor anbammelt, un in de Midd' up den Fautboden, dor wiern ja de Faudertrög', dat is wunnerbor to 'n Afstellen von Farben un Malgrünn' to bruken – kort und god, so süht mien Malstall ut. Un denn hett he ook noch 'ne Dör nah buten, de mak ick up, wenn dat Wäder god is. Ick finn' dat wunnerbor, dat mit dese Butendör (odder Kauhstalldör). Dat is 'n Kompromiß twischen de reine Naturmalerie un dat reine Ateliermalen. Denn müßt man ja de Natur ümmer in'n Kopp hebben odder de ganze »Technik« ümmer dörch de Gegend marachen. Ick weit, datt dat beten naiv utdrückt is. Öwer ick mein dat so. Wenn ick an miene Staffelei stah un mal, denn kümmt dat vör, datt ick mal 'n Oog vull Grön bruk odder mal in den Hewen kieken möt, nah de Wulken un dat hohge Blaag – na, denn legg ick mienen Quast weg, mak de fief Schritt' un stah buten in den Gorden, mang de ollen Appelböm.

't is öwer ook 'ne wunnerschöne Gegend! Dee Hewen is so grot un hoch, de See is nich wiet af, nah Sünnenünnergang to liggt Poel. Dat lütte Dörp hett veele olle Hüser un Katen, un an de Weg' stahn olle, kröppte Wieden. Un midden in all disse Herrlichkeit steiht mien Hus »Heidekaten«. Hier bün ick so 'n beten af von den Schuß, hier kann ick in Rauh miene Arbeit maken, hier stürt mi kein ein. Un 'n Telefon heww ick hier ook nich. Wecker denn in Schwerin von mi wat will, de möt schon rutekamen. Dat is schön so. Un mit de Lüd hier kann ick mi god verstahn. Wat ick hier all so belewt harr, dorvon will ick denn nahstens noch vertellen.

Dat acht' Johrteihnt

Kiek an, woans de Tiet vergeiht. Mit eenmol wier ick söbentig Johr olt, un harr dat doch gor nich recht markt. In Heidekaten harr ick mi nu so sachten inlewt un fastsett't, un mit mienen Nahwer, den Bubrigadier Günter Klein, verstünn ick mi god. Dat wier so as dat nu mol is up 'n Dörp: de een helpt den annern, man snackt öwer den Tun, man süpt ook mal eens tosamen, man hett sienen Andeel an dat Leben un Drieben in dat Dörp. De ierste Tiet wüßten de Lüd nich so recht wat mit mi antofangen, ick güng ja nu ook nich hen von Hus to Hus un säd: Goden Dag, ick bün de Kunstmaler Corl Hinrichs ut Schwerin. Se glöwten woll, ick wier so 'n pensionierten Handwarksmeester odder so wat, de sick hier nu to sien'n Hoeg un Vergnäugen den Katen köfft harr up siene ollen Dag'.

Na, un so liehrte ick denn mienen Nahwer kennen. He wier dorbie, bie sien' Mudder up de Ollendeelsiet von dat Buernhus, mi gegenöwer, niege Finster intosetten. Oh, dacht ick bie mi, dat paßt sick, du brukst ja Finsterladens, denn gah man röwer un frag den Mann, ob he di de maken künn.

Ick güng nu öwer de Strat, stellte mi vör, as sick dat hürt: »Gestatten, Hinrichs!« Un denn frög ick em ja nu nah de Finsterladens. Ja, säd he, dat künn he woll maken. Un denn säd he noch: »Hebben Se seggt, Se heiten Hinrichs?«

»Jo, Corl Hinrichs!«

»Corl ook noch?«

»Jo!«

»Na, dat is öwer snacksch. Ich heww grad eben in 't Radio, up den Sender Schwerin, so 'n Interfjuh hürt, dor hebben s' ook mit een'n spraken, de Corl Hinrichs heet, 'n Billermaler ut Schwerin, un de hett doch grad so 'ne Stimm' as Se! Sünd Se mit den verwandt odder wat?«

»Nee, verwandt bün'ck mit den nich, odder doch, dat weit ick nich so genau; ick bün dat sülm!«

Nu steeg he von sienen Buckschemmel dal, led sienen Hamer biesiet, keek mi an un säd: »Nee, dat sünd Se nich, dat wier doch eben grad vör teihn Minuten. Se künnen doch nich in teihn Minuten von Schwerin nah Heidekaten kamen!«

Dat wull em nich to Kopp, un dat duerte 'ne Wiel, bet ick em dat verklort harr, datt se dor in den Sender so 'ne Maschin' harrn, wurmit se dat upteikenten.

»Ach so!« säd he un kratzte sick den Kopp.

»Ja«, säd ick nu un sett'te noch een'n baben up. »Dat maken de, dormit de dor noch beten an rumsnippeln könn'n, hier 'n Wurt weg un dor 'n Wurt weg, un toletzt seggen Se wat, wat Se gor nich seggt hebben!« He griente, un ick säd noch: »Weiten Se wat, Nahwer: Wenn so 'n Minsch mit so 'n Ding von Flüstertüt odder Mikrophon kümmt, denn is dat dat best, Se hollen sick dat Mul to!«

So kämen wi beid' denn in 't Klönen, un he lad'te mi in, rintokamen un ook 'n lütten Sluck to Bost to nähmen. Een Sluck gäw den tweiten un een Wurt dat anner, un so fründ'ten wi uns beid' an, un as ick nu wedder nah Hus wull in mienen Katen up de anner Siet, dor harr ick al 'n lütten sitten. Kümmt ja vör. Un dorüm markte ick nich, datt von achtern so'n jungen Kierl mit 'n Füerstauhl antoknattern käm. De harr mi woll to lat seihn, he käm so üm de Eck von de Dörpstrat un führte mi glatt an, mien linke Poot un de Ünnerarm wiern upritzt, un dat Blaud löp so an mi dal. De Bengel wier ganz verdattert un verbast. »O Gott, o Gott!« jammerte he. »Wat heww'ck denn nu makt! O Gott, o Gott!« – »Ick lew ja noch!« säd ick to em, un dorbie markte he woll an minen Atem, datt ick eenen sitten harr, wenn 't ook man blots 'n lütten wier. Dor kreeg he nu gliek Oberwater un hürte mit dat Geweimer up, denn he kennte ja ook den ollen Grundsatz, de bie de witten Müs so biegäng is: »Wer dun is, is ok schuld!« Jedenfalls müßte ick ja nu in de stickendüstere Nacht noch nah Wismer hen in dat Krankenhus, wo se mi den Arm un de Poot wedder toneihgten un mi 'n bannig künstlerischen Verband anleggten un 'ne Sling üm den Hals makten, un denn leet ick mi 'n Taxi kamen, dat süll mi wedder nah Heidekaten henführn. Reden künn ick nich veel, ick harr noch to grote Weihdag in den Arm, un utseihn heww ick woll ook as so 'n Hümpel Maless, de Fahrer glöwte woll, ick wier so 'n ollen Mann von'n Lann'. Dat heww ick öwer ierst markt, as wi nu dor wiern un ick vör mien Hus ut dat Auto kladderte, em betahlte un em ook noch 'n Drinkgeld geben wull. »Nee, Opa, laten S' man!« säd he un makte dorto so 'ne Laweih as de Bescheidenheet sülm. »Hebben Se nich 'n ollen sülbern Läpel? Ick sammel so wat!«

Oha, dacht ick bie mi, de Kierl weit, wo de Wust in den Rook hängt, de makt dat woll öfter, führt olle Lüd von'n Dörp ut dat Krankenhus nah Hus in alle Fründlichkeit, verzicht't denn grotmäudig up dat Drinkgeld un seggt: »Hebben Se nich 'n ollen sülbern Läpel?«

Na, dor wier he bie mi an den Richdigen kamen. Ick griente em an, schürrte mit den Kopp un säd, wurbie ick dat Fiefmarkstück, wat ick em geben wull, wedder in de Tasch' stök: »Nee, mien Jung, ick heww twors weck, sogar 'n ganzen Hümpel, man: ick sammel sülm!« Dat Gesicht seih ick noch hüt vör mi, wat de Kierl makte. He knallte siene Dör to un wutschte af, un ick reep em nah: »Öwer doch nich mit Corl Hinrichs!«

So gäw dat in Heidekaten veel to erleben, wenn 't in dissen Fall ook mit Weihdag verbunn'n wier. Na, Minschenfleesch hett ja de gode Eegenort, wedder totowassen, un so künn ick denn ook bald wedder arbeiten.

Eens Dags wier ick ook schön bie dat Malen, dor bullert dat doch an miene Butendör. Kümmt mien Nahwersch, de von de anner Siet, Möllersch heit se, un vertellt mi, in mienen Gorden, dicht bie ehrn Tun, hett se 'n Höhnernest funn'n mit 'n Ei in. Dor is woll 'ne Henn' bie 't Frömdgahn, de will dor bräuden.

»Dor künn'n Se sick jeden Dag 'n Ei halen«, seggt Fru Möller. »Möten S' noch 'n Nestei dortoleggen, denn leggt de Henn' ümmer düller!«

Ick hürte mi dat an un säd denn to ehr, datt ick doch nich eenfach de Eier dor bruken künn, wenn dat Hohn mi gor nich tohürte. »Doch, Mann«, seggt se, »dat kön'n Se licht maken! Wat in Se Ehrn Gorden is, dat hürt Se ook to! Ook de Appels, de von mienen Boom öwer den Tun in Se Ehrn Gorden rinnefalln, de sünd ja ook Se Ehr Appels! Dat is nu mal Dörprecht!«

So wat harr ick twors ook mal hürt, öwer wenn dat stimmte, denn harr ick ja ook de Kauh behollen künnt, de nülich von de Trift dörch den Tun in mienen Gorden sick verloopen un mi den Blaumen affretten harr.

»Oh, nee, Mann!« säd Möllersch. »För Grotveih gellt dat nich, blots för Appels un Eier!«

Na, ick wüßt nu, wo de Redensart herköm »För 'n Appel un 'n Ei«. Un ick halte mi nu jeden Dag mien Fröhstücksei ut dat Nest an den Tun, un de Henn' makte mi de Freud, dat nich to bemarken, dat dumm' Veih. Jedenfalls 'ne Tietlang. Denn würd ehr dat woll snacksch vörkamen, un se bleew nu nah dat Leggen gliek up sitten, up ehr eigen Ei un up dat Nestei ut Porzellan, un leet mi nich ran. Ick keek Middag noch eens hen: se sät up ehrn Nest un plierte mit de Oogen, un as ick abends Klock nägen wedder henkeek, dor sät se dor ümmer noch un lücht'te mit ehre witten Feddern in den Mandschien. Un annern Morgen wier se weg, dat Ei ook un ook dat Nestei ut Porzellan. Ick dacht, datt de Nahwer, den dat Hohn tohürn müßt, sick dat Diert wedderhalt harr. Un ick dacht ook an dat Dörprecht – he harr ja ook mien Porzellanei liggenlaten künnt. Na, schietegal, ick vergät de Sak.

Dree Dag later käm Oma ut de Koek to mi in de Stuw, dat wier viellicht so Klock teihn an den Abend, un wier ganz upregt. »Corl!« säd se un wieste nah baben. »Dor baben, up den Boen, dor is wen!«

»Ach wat«, säd ick to ehr, »wat du di dor inbillst. Wecker sall denn dor bie uns up unsen Boen sien!«

»Na, hür doch blots! Dor! Dor is't schon wedder!«

Ja, den Dunner, wat wier denn dat? Dat towte un ramenterte dor baben rüm, as würden sick 'n poor Buernbengels kloppen. Rabautz! un Rums! makte dat, un denn wier 't wedder musing still.

Dor müßt ick ja nu eens nahkieken. Ick halte mi 'ne Ledder von de Däl, stellte de an de Luk un steeg nu mit 'ne Latücht to Boen. Denn böhrte ick vörsichtig mienen Kopp in de Luk, öwer iehr ick noch de Latücht anmaken künn, smet mi eener wat an den Kopp. Oha! Nu ward't leeg! dacht ick un steeg fix wedder dal, un Oma keek mi an, slög de Hänn'n vör den Mund un reep: »Oh, Corl, wat is denn dat, du büst ja ganz bläudig an den Kopp!«

Ick langt' mi an den Brägen, un du glöwst dat nich: allens bläudig. »Kiek mal, dormit hett de Kierl smetten!« säd Oma un wieste up den Fautboden. Dor läg 'n frisch afretten Höhnerbeen, dat wier dat Geschoß west. Nu wier mi allens klor. Nich de Nahwer harr dat Hohn halt, nee, de Marder wier dat west! Un nu wier he up mienen Boen togäng, dat Hohn in Rauh to vertehrn, un ick harr em dorbie stürt, un dat künn he nich af. Un dor hett he mi den Höhnerknaken an den Kopp smetten. Ick kann dat god verstahn, ick mag dat ook nich, wenn mi ein'n bie 't Eten stürt.

So 'ne beten wat grugeligen Geschichten giwt dat ja veel up 'n Dörp. De Spökenkiekerie is noch nich utstorben. Dat heww ick an mien eigen Liewwark erlewt, mi sitt de Schreck bet hüt in de Knaken. Ick harr mi in den Kopp sett't, ick wull 'n Fründ in dat Dörp besöken gahn, de wahnte an dat anner Enn' von de oll Wiedenallee. Friedrich hett he heeten. Wi beid' künnen god tosamen, he spälte so schön up de Treckfiedel, un denn makten wi beten Marschmusik tosamen un vertellten uns wat. Bet ick nu loskäm, wier 't al düster, un 't wier ook so 'ne Sak, de olle Wiedenallee mit de deipen Löcker, de de LKWs un de Treckers in den Weg retten harrn, in'n Düstern langtomarachen. De Sünn wier al lang weg, 't wier so'n nattkollen Abend, 't wull mi gor nich gefollen. Na, ick köm öwer god hen nah Friedrichen, un wi makten unsen Klönabend mit Marschmusik, as wi dat immer maken däden. So hen nah Klock elben güng ick denn nah Hus. Nu wier 't bannig düster, keen Mand un keen Stiern an den Hewen, de Latüchten in dat Dörp sünd ook blots bie Dag to seihn, un ick harr min Daun, mi up den Weg to hollen.

Up eenmal reet de Hewen beten up, de Mand keek dörch, un eene hohge Frugensstimm' reep mi to: »Heinrich, Heinrich, kümmst du endlich wedder, wat heww ick up di luert!« un vör mi, twischen de ollen kröppten Wieden, stünn 'n Frugensminsch mit 'n witt Kleed an, dat weihte so üm ehr rüm, un dat Gesicht, ganz kriedwitt, sähg so wehdaglich ut. Ick verfiehrte mi nich slicht un wull nu grar ansetten, ehr to verkloren, datt ick nich Heinrich heeten däd, sonnern Corl, un datt ick ehr ook nich kennen däd, se müßt sick woll verkeeken hebben, dor güng dat Wolkenlock wedder to, de Fru wier weg, allens wier still, blots der Wind ruschte in de Wiedentelgen.

Ierst wull ick dat Belewnis för mi behollen, ick dacht, dat würd mi doch keener toglöben. Öwer den annern Dag harrn wi 'ne lütte Geburtsdagsfier bie een'n Nahwer, un dor heww ick dat vertellt. De ollen Urinwahner von mien'n Dörp harrn furts 'ne inlüchtende Verklorung bie de Hand: dat müßt ja de Wittfru von Heinrich Harms west sien, de mi dor öwer den Weg loopen wier. Ehr Mann wier in den Krieg follen, un se sülm wier ook al twintig Johrn dod. Öwer den Dod von ehrn Mann wier se schon bie Lewtieden beten wunnerlich worden, un so wier dat nu ja keen Wunner, wenn se nu späuken däd. Dat säden se ganz iernsthaftig. Un von den Dag an güngen de Männer ümmer mit Latüchten ut den Kraug odder von den Nahwer nah Hus. Se harrn keene Lust nich, de Wittfru öwer den Weg to loopen.

Ünnerdes wier ick nu öwer nich in mien'n Heidekaten versuert. So giern ick dor mit mi alleen bün, so giern gah ick ünner Minschen. Ick heww veele Frünn'n. To de besten tellt miene Patenbrigad in den VEB Kraftfahrzeuginstandsetzungswerk Schwerin. Dat is 'n lang' Wurt, wi körten dat af un seggen KIB dorto. Se kümmern sick ook üm mien Auto, wat mi besonners gefollt, denn in mien Öller leggt sick ein'n nich miehr so giern ünner dat Bleckpierd, wenn mal wat intwei is.

Wie wi mal eens so biesamen wiern un drönten, vertellte ick ehr, datt mien Vadder so'n goden Klavierspäler west wier un datt ick dat ook giern noch liehrn würd up miene ollen Dag'. Ick wüßt genau, ick würd dat können, ick harr dat arwt von em. Na, un denn heww ick dat wedder vergetten, as dat so is in'n Leben: man seggt wat und vergett dat. Öwer de leiwen Jungs von miene Brigad' – de harrn dat nich vergeten.

An een'n ganz gewöhnlichen Dag sät ick in miene Stuw in Schwerin un keek in de Tieding, wat't Nieges gäw un wecker wedder dotbleeben wier. Dor rammelt un bullert dor wat buten up de Hustrepp, ick dacht, dor treckt wen üm. »Hauruck!« reepen dor weck, un »Hiev an!«, un denn schellte dat an miene Wahnungsdör as dull, ick dacht al, se wullen de Bimmel afrieten. Ick schult nu ierst mal dörch den Spion, üm de Lag to observieren as Kasper-Ohm achter de Schuppendör, öwer ick künn nicks seihn, 't stünn wat Grotet, Swattet vör de Dör un nähm mi de Sicht. Na, ick makte nu up. Dor stünn'n doch miene Jungs von de Brigad', söß Mann hoch, sweitnatt üm de Näsen, grinsten dörch de Bank öwer dat ganze Mulwark, un ein' säd: »So, Corl, dor hest dien Klavier!« Ick dacht, mi driwwt de Slag! Dunnerwetter! Se harrn doch wißwarraftig, weet ick wo, so 'n oll Klavier updreeben, noch ein von de ollmodsch Ort, god in Schuß un wunnerbor in'n Holt. Un ehr ick nu öwerhaupt wat seggen künn, marachten se dat Diert mit de witten und swatten Tähnen dörch den Flur in de Wohnstuw, schöwen beten dat Möblemang torecht, sett'ten dat Klavier schön an de Wand neben dat Finster, un de Chef säd: »Nu brukst blots noch Noten, Corl!«

Ick heww veele schöne Saken erlewt in miene achtzig Johren, öwer dat, glöw ick, wier bienah dat Schönst'. Mi stünn'n de Tranen in de Oogen, so heww ick mi freut. Annern Dag güng ick in de Puschkinstrat to den ollen Althen von Althen & Claussen un köffte mi 'ne Klavierschol. Un denn heww ick öwt. Ick heww nich lang brukt, dat wier, as säten Vadders Fingern an miene Poten, dat güng as sühst mi woll. Mennigmal, wenn ick so an mien Klavier sitt un mi wat torecht phantasier, denn denk ick mi, datt dat god is, datt ick dat Spälen ierst so lat liehrt heww. Harr ick dat schon as junger Bengel liehrt, wier ick viellicht gor nich Maler worden ...

1983 bün ick denn wohrhaftig achtzig Johrn olt worden. Ick glöw dat ja ümmer noch nich. Öwer 't möt woll stimmen. Se makten mi 'ne wunnerbor Fier in dat Kulturbundhaus an den Papendiek in Schwerin, alle miene Frünn'n wiern dor, olle un junge, ook 'n Film harrn s' öwer mi dreiht, de würd nu an den Dag upführt. 't wier 'n wunnerschönen Dag! Un wier dor nu ne gode Fee kamen un harr mi fragt, wat ick mi wünschen däd, denn harr ick seggt: Noch eens von vörn. Un ook de leegen Tieden mit. Denn wat wi nu för 'ne gode Tiet hebben, dat markt ein'n ierst, wenn he ook mal leege Tieden achter sick bröcht hett. Noch eens von vörn.

Editorische Nachbemerkung

Die hier wiedergegebenen Lebenserinnerungen des Malers Carl Hinrichs entstanden in enger Zusammenarbeit des Künstlers mit dem Schriftsteller Jürgen Borchert.

Die Grundlage für das Buch bilden Tonbandaufzeichnungen, die in den Jahren von 1982 bis 1984 in Carl Hinrichs' Schweriner Stadtwohnung und in Heidekaten gemacht wurden, sowie handschriftliche Notizen des Malers.

Charakteristische Eigenheiten des von Carl Hinrichs gesprochenen Plattdeutsch wurden beibehalten, besonders der wechselnde Gebrauch von Monophthongen und Diphthongen sowie verschiedener Lautformen ein und desselben Wortes. Die orthographische Wiedergabe orientiert sich weitestgehend an den durch Christa Prowatke 1980 (»Up Platt is ook hüt noch wat«) gegebenen Regeln.